Kay Hoffman
Gabriele Müller

Authentisch
und
erfolgreich

Kay Hoffman
Gabriele Müller

Authentisch

und

erfolgreich

Body-Mind-Coaching
für Frauen

Kösel

ISBN 3-466-30627-2
© 2003 by Kösel-Verlag GmbH & Co., München
Printed in Germany. Alle Rechte vorbehalten
Druck und Bindung: Kösel, Kempten
Umschlag: 2005 Werbung, München
Umschlagmotiv: imagedirekt

Inhalt

Kapitel 4

Veränderungen nutzen, Erfolge verstärken

Nachwort

Vorwort

Authentisch und erfolgreich, passt das überhaupt zusammen?

Was ist Ihnen wichtiger: beruflicher Erfolg oder dass Sie auch im Job ganz Sie selbst sein können? »Wenn man Erfolg haben und Karriere machen will, dann muss man sich nun mal an die Spielregeln halten, dann muss man eben professionell sein und einer bestimmten Rolle entsprechen! Gefühle und Empfindlichkeiten sind da fehl am Platz« – denken die einen. »Ich lass mich von meinem Job nicht auffressen! Ich bin, wie ich bin, und meine Seele verkauf ich für niemand! Mir treu zu bleiben ist mir wichtiger, als die Karriereleiter hochzuhecheln« – sagen die anderen.

Unsere Wünsche sind die Vorboten der Fähigkeiten, die in uns liegen.
Goethe

Doch ist das wirklich eine Frage von Entweder-Oder? Tatsächlich ist es möglich, authentisch *und* erfolgreich zu sein! Die Wahrscheinlichkeit, langfristig erfolgreich zu sein, steigt sogar, je authentischer Frauen werden, je mehr sie ihr wirkliches Ich nicht verstecken, sondern auch im Berufsalltag offen zeigen können.

Was ist Authentizität eigentlich?

Ursprünglich kommt das Wort aus der Kanzleisprache des 16. Jahrhunderts. Authentisch wurde etwas genannt, was als »echt« gelten konnte, und dafür verbürgte sich im juristischen Zusammenhang ein sicherer Gewährsmann. Im übertragenen Sinn bedeutet es »Glaubwürdigkeit«. Es bezieht sich auf die Ausstrahlung eines Menschen, dem man vertraut, weil er nichts zu verbergen hat und mit sich im Reinen ist. Natürlich ist man da auf sein Gefühl, auf Menschenkenntnis und Intuition angewiesen, denn Authentizität ist, zumindest was Menschen betrifft, keine objektive Tatsache, sondern beruht auf einem subjektiven Eindruck. Wer würde sich zu beurteilen anmaßen, welcher Mensch »echt« ist und welcher nicht? Authentizität ist aber auch ein Zustand, den man bei sich selbst feststellen – oder vermissen kann.

Und woran merkt man, dass man selbst authentisch bzw. nicht authentisch ist? Sich nicht wohl in seiner Haut zu fühlen ist ein erstes Anzeichen dafür, dass man nicht ganz hinter dem steht, was man tut, sagt oder vertritt. Der Körper drückt etwas anderes aus als die Aussage, die gemacht wird. Irgend etwas stimmt da nicht. Ein unauthentischer Mensch muss nicht gleich ein Betrüger sein, der lügt und Böses im Schilde führt. Doch auch wenn er die Wahrheit sagt, kann die Wahrheit verlogen klingen. Es fühlt sich (auch für einen selbst) körperlich unangenehm an: Man ist verlegen, verdruckst, verklemmt und gebremst. Die Kommunikation fließt nicht, die Botschaften kommen nicht an. Es hat etwas Peinliches an sich, in so einem Zustand zu sein oder ihn bei einem anderen Menschen miterleben zu müssen. Es gibt Situationen, die dazu verleiten, sich zu verstellen oder zumindest nicht ganz echt, locker und natürlich sich selbst zu sein. Gerade im Beruf meinen wir etwas darstellen zu müssen, was wir nicht sind. Das ist nicht dasselbe wie ganz bewusst eine bestimmte Rolle zu spielen und dementsprechend sein Verhalten darauf abzustimmen. Je mehr wir darauf achten, wie es uns geht (in einer Situation) und was das Verhalten anderer Menschen mit uns macht, desto mehr bekommen wir ein Gefühl dafür, wann wir authentisch sind und wann weniger oder gar nicht.

Alexandra, 29, Screendesignerin bei einer großen PR-Agentur: »Authentisch sein habe ich mich lange nicht getraut. Meinen ersten festen Job hatte ich als Volontärin bei einer Werbeagentur. Als Berufseinsteigerin, kurz nach dem Studium, war ich unsicher, wie ich mich Kolleginnen und Kollegen und meiner Chefin gegenüber verhalten sollte. Professionell wollte ich wirken, aber wie war man das? Ich war ja keine Studentin mehr, ich stand am Übergang ins Berufsleben, in die ›richtige Erwachsenenwelt‹. Doch statt mir diese Unsicherheit einzugestehen und zu überlegen, was ihr eigentlich zugrunde lag und wie ich damit umgehen sollte, oder mit anderen darüber zu sprechen, sah ich sie eher als eine Schwäche, die ich verstecken wollte. Ich hätte mir gar nicht vorstellen können, dass es anderen in meiner Lage vielleicht ähnlich ging. Stattdessen entstand eher ein Gefühl von ›Nun reiß dich zusammen und verhalte dich so, wie man sich im Berufsleben eben benimmt, nämlich professionell‹.

Das geschah natürlich nicht bewusst, hatte aber zur Folge, dass meine Freunde, die mich als schlagfertig, mit einem schön frechen Mundwerk, als witzig und selbstbewusst kennen, wahrscheinlich erstaunt gewesen wären, hätten sie mich an meinem ersten Arbeitsplatz erlebt. Ich wurde steifer, zurückhaltender, bremste mich selbst aus. Etwas in mir sagte, dass meine lebhafte Seite am Arbeitsplatz nichts zu suchen hatte. Ich hatte ungefragt eine Einstellung übernommen, die von meinem Vater stammt: ›Wer ernsthafte Ziele hat, muss sie auch ernsthaft verfolgen. Spaß und Leichtigkeit haben dabei nichts zu suchen. Nur was schwer und anstrengend ist, ist auch etwas wert.‹ Und ich wollte ja einen guten Eindruck machen, zeigen, dass man sich auf mich verlassen kann, dass an mir nichts Kindisches mehr ist.

Jetzt arbeite ich in diesem Business seit zehn Jahren und ich stelle fest, dass die Art, wie ich mich im Privatleben oder aber an meinem Arbeitsplatz verhalte, längst nicht mehr so weit auseinander klafft wie früher. Ich traue mich sehr viel mehr, meine Gefühle zu zeigen, sei es gute Laune und Albernheit oder auch Traurigkeit. Ich verbringe so viel Zeit hier an meinem Schreibtisch, mit den Kollegen und auch mit meinem Chef, da kann und will ich mich nicht dauernd verstellen. Und ich merke, dass es geht. Man nimmt mich deswegen nicht weniger ernst, im Gegenteil. Ich fühle mich freier, habe mehr Energie und die spürt man auch, glaube ich. Ich kann meine Projekte mit mehr Engagement vertreten und ich nehme die Leute um mich rum als Menschen wahr, mit ihren eigenen Geschichten, ihren eigenen Sorgen und Freuden, und nicht als seelenlose Wesen, die bestimmte Ergebnisse abliefern und auf die ich wegen dieser Ergebnisse angewiesen bin.

Das heißt deswegen nicht, dass ich die Leute hier im Büro als Familienersatz ansehe. Es gibt immer auch Zeiten, da brauche ich (genauso wie die anderen) mehr Distanz. Es ist immer ein Aufeinanderzugehen und ein Sich-wieder-Entfernen. Aber das Aufeinanderzugehen passiert heute sehr viel mehr aus meinem Herzen heraus. Das wirkt sich auf meine Zufriedenheit hier ebenso aus wie auf die Qualität meiner Arbeit. Und die Anerkennung, die ich bekomme, zeigt mir, dass das auch nach außen hin sichtbar ist.«

Und genau das ist es, was wir herausgefunden haben: Wenn Frauen es wagen, sich selbst treu zu bleiben, gelingt es ihnen gerade durch ihr Engagement und ihre Identifikation mit ihren Berufsaufgaben, dauerhaften und nachhaltigen Erfolg zu verbuchen. Denn heute mehr denn je ist Synergie gefragt – das Zusammenspiel aller Energien. Abspaltung schwächt, Selbstverleugnung kränkt und macht krank.

Nur wer sich ganz mit einbringt, verfügt über die notwendige Kreativität, Lust und Überzeugung, sich seinen Beruf selbst zu entwerfen, nach eigenem Maß. Die eher männlich gefärbte Aufforderung »Nimm's sportlich!« umformulieren in »Mach daraus einen Tanz«. Mit Leichtigkeit und Anmut, gutem Timing und Rhythmus im Blut, einem offenen Herzen und Spannungskraft in jeder Faser lässt es sich besser leben, Feuer und Flamme sein, im Fluss bleiben. Zwei Beine sind zum Tanzen da: Standbein und Spielbein wechseln sich ab. Wenn das Standbein zu lang auf dem Erfolg steht, dann wird das Spielbein lahm und verliert den Kontakt zum Selbstbewusstein. Es entsteht eine Abhängigkeit. Bleibt der Erfolg aus, ist einem der Boden unter den Füßen weggezogen. Wagt frau allerdings nie den Schritt in Richtung Erfolg und zeigt sich nicht in der Öffentlichkeit, dann wird aus dem Standort bald eine Sitzhaltung, die dem Hocken im Nest gleicht, und wie wir wissen, ist Sitzen für die Fitness nur in Maßen zuträglich.

Es geht um die Kunst, Innen und Außen zu vereinbaren. Stellen Sie sich vor, Ihr Leben ist ein Projekt, das Sie originell gestalten, ein Unternehmen, das Sie erfolgreich führen möchten. Nicht die berufliche Stellung ist entscheidend, sondern die Stimmigkeit der Balance. Das Leben wird dabei als Ganzes betrachtet: das Leben in der Öffentlichkeit, in der Außenwelt, und

Die Seele nährt sich von dem, woran sie sich freut.

Augustinus

das innere Leben. Die beiden Welten, Innenwelt und Außenwelt, lassen sich nicht mehr getrennt voneinander betrachten und verändern. Jede Veränderung betrifft das Ganze. Wie gelingt es uns, unseren eigenen Kurs zu finden und unser Lebensunternehmen erfolgreich zu führen? Das betrifft alle Aufgaben und Herausforderungen – die der Innenwelt und der Außenwelt. Wie gelingt es uns auf breiter Basis und mit praktischem Nutzen unser Potenzial einzubringen? Und was genau sind die Voraussetzungen dafür, dass wir bei allem, was wir tun, Freude empfinden?

Leidenschaft lohnt sich

Leben ist mehr als nur zu funktionieren. Leben ist mehr als nur gerade noch die Kurve zu kratzen. Es geht darum, den großen Bogen herauszufinden.

Sinnlichkeit und Lebenslust können Orientierungshilfen sein. Der Körper weiß genau, was er braucht, um sich gut zu fühlen. In jedem Augenblick haben wir die Möglichkeit, in das Leben einzutauchen, alles frisch und unmittelbar zu erleben, mit neuen Augen zu sehen, ohne Vorurteile und Vorbehalte an die Aufgaben heranzugehen, das Leben neu auszurichten.

Body-Mind-Coaching

Der Körper ist der Schlüssel. Zur logischen, emotionalen und sozialen Intelligenz brauchen wir eine Art der Intelligenz, die heutzutage oft noch zu wenig beachtet und genutzt wird: die Intelligenz des Körpers, die Weisheit eines Organismus, der sich selbst zu organisieren, auszubalancieren, zu regenerieren und nach einer Krise neu zu orientieren vermag. Body-Mind-Coaching besteht darin, das, was von selbst geschieht, durch unterstützende Begleitung zu verstärken. Es ermöglicht,

- mehr zu spüren, was jetzt gerade ist, und weniger vor- oder nachzudenken,
- öfter in Fluss zu kommen und zu sein, weniger an Fixierungen festzuhalten,
- immer wieder neue Pläne durchzuspielen, sich Optionen und Alternativen offen zu halten,
- sich zu verändern und neu anzufangen, wenn das Alte nicht mehr stimmt.

Wie spielerisch und mit welch spannenden Übungen Sie Body-Mind-Coaching in Ihrem Alltag einsetzen können, können Sie in den nächsten Kapiteln entdecken.

Richtig, oft teilt sich das Leben immer noch in die harten Gegensätze von Arbeit und Freizeit, von Berufsalltag und Privatsphäre auf. Richtig, manchmal haben wir die Hände voll damit zu tun, mit unseren Problemen, Schwierigkeiten und Ängsten fertig zu werden. Hinken und hecheln hinterher, ewig zu spät, hetzen uns zu Tode. Wozu eigentlich? Oder wir warten erst mal ab, was das Leben so zu bieten hat. Warten auf den großen Coup. Und verpassen die besten Chancen, etwas zu lernen. Nachher wissen wir es besser: Manchmal muss frau die Komfort- **Wer nicht an Wunder glaubt,** zone verlassen und sich auf unbekanntes **ist kein Realist.** Terrain begeben, Herzklopfen riskieren, *Arabisches Sprichwort* Schmetterlinge im Bauch ertragen, und das Gefühl kennen, sich wie frisch verliebt zu fühlen, auch wenn kein potentieller Partner weit und breit sich zeigt. Der Bereich unserer Möglichkeiten ist größer als der Bereich des Gewohnten und Vertrauten, des Heimeligen. Wir müssen nicht gegen die eigene Natur leben, auf unsere Natürlichkeit verzichten. Wir müssen nur wissen, wie wir sie erfolgreich einsetzen.

Durch das ganze Buch hindurch finden Sie immer wieder Fragestellungen, mit denen Frauen im Spannungsfeld zwischen Authentizität und Erfolg zu tun haben, so etwa die folgende auf Seite 16. Für solche Fragen gibt es keine fertigen Patentlösungen. Vielmehr gibt es verschiedene Strategien: Je nach Persönlichkeit, Betriebsklima, Selbstbewusstsein, Branche, Stellung und auch je nach Tagesform können unterschiedliche Verhaltensweisen angebracht sein. Die Antworten zeigen Ihnen auf jeden Fall: Es gibt immer mehr Möglichkeiten zu reagieren und vor allem zu agieren, als wir meist denken. Vielleicht haben Sie Lust, sich selbst zu überlegen, mit welchen Verhaltensweisen Sie sich in einer solchen Situation wohl fühlen würden, bevor Sie die Antwortideen lesen.

Ich habe einen Todesfall in der Familie, der mich sehr mitnimmt. Gleichzeitig soll ich eine wichtige Präsentation vor dem Vorstand und externen Kunden halten. Was jetzt?

◗ Erschütterung und Trauer verleihen Ihnen mehr Tiefe und Präsenz. Sie könnten zu Beginn der Präsentation kurz um Verständnis bitten, dass Sie sich beeinträchtigt fühlen.

◗ Äußerlich Fassung bewahren und Haltung annehmen kann sinnvoll sein: Eine Maske bietet Schutz. Wenn Sie spüren, dass Sie sich diesen Schutz wünschen, ist eine Maske nicht unauthentisch.

◗ Auch die Präsentation abzusagen kann in Betracht gezogen werden. Sie müssen nicht alles um jeden Preis durchstehen.

◗ Routine hält die alte Ordnung aufrecht, bis Sie bereit sind, sich (neu) zu orientieren.

Kapitel 1

Ihr authentisches Ich

Wer bin ich eigentlich, wenn ich authentisch bin?

Kennen Sie das? Sie kommen abends nach Hause, schleudern die zu engen Schuhe von den Füßen und befreien sich von Ihren steifen Arbeitsklamotten. Aufseufzend fallen Sie auf die Couch. Endlich Feierabend. Endlich kein freundliches Lächeln mehr aufsetzen müssen dem neuen Kollegen gegenüber, den Sie eigentlich nicht ausstehen können. Nicht mehr die gestressten Mitarbeiterinnen aufmuntern und motivieren müssen, wo Sie in Wirklichkeit doch selbst motiviert werden wollen und keine Power mehr haben. Endlich wieder Sie selbst sein. Bis Sie morgen von neuem den Weg ins Büro antreten.

Immer wenn ich morgens in den Spiegel schaue, frage ich mich: Wer bin ich und wenn ja, wie viele?

Gunther Schmidt

Finden Sie sich in dieser Beschreibung wieder? Dann gehören Sie vielleicht zu den Frauen, die glauben, dass ihre wahren Gefühle in ihrem Arbeitsalltag keinen Platz haben. Möglicherweise geht es Ihnen aber auch ganz anders. Manche Menschen handeln eher nach dem

Motto: »Wir bleiben unseren Prinzipien treu, auch wenn es dem Geschäft schadet.« Beide Verhaltensweisen haben ein hohes Frustpotential.

Frust entsteht, wenn wir nicht mit uns selbst im Reinen sind. Meist streiten sich dann zwei verschiedene Ansichten in einer Person. (Oder sogar noch mehr, wie wir später sehen werden.) Das Berufs-Ich, das vernünftig sein will und gelernt hat, sich den Umständen anzupassen, liegt im Clinch mit dem Kern-Ich, das darauf pocht, das »echte« Ich zu sein und dem Berufs-Ich seine Daseinsberechtigung abspricht. Dieses hingegen überhört gerne die Klagen des Kern-Ichs, das nur stört und hemmt, weil es sich dem beruflichen Aufstieg scheinbar in den Weg stellt.

Können wir gleichzeitig beide Ich-Personen mit ihren Bedürfnissen respektieren? Ab Seite 19 finden Sie einen Fragebogen zur Erfolgsintelligenz, der zunächst eher das Erfolgs-Ich anspricht. Das authentische Ich kann durch spontane Reaktionen dazu beitragen, sich bewusst zu werden, welche inneren Widerstände, Hindernisse oder Blockaden sich in den Weg stellen, wenn nur der Erfolg angegangen würde. Auf dem Weg zum Erfolg geschehen ja die meisten Verletzungen, die das authentische Ich hinnehmen muss, ohne gehört zu werden. Oft verstummt es dann, so dass die Persönlichkeit unversehens in einen Zustand hineingerät, in dem sie den Kontakt zum eigenen Innenleben, zum Wesen und Wesentlichen verloren hat. Diese Person mag wohl erfolgreich sein, aber oft wirkt sie irgendwie unecht und nicht überzeugend – eben unauthentisch.

Hier hat das authentische Ich die Möglichkeit, sich schon im Vorfeld dazu zu äußern, was es von den Erfolgskriterien hält.

Entdecken Sie Ihr authentisches Ich durch Hinspüren und Nachgeben, lassen Sie sich zu Ihren Wünschen und Träumen führen. Lernen Sie dann, das authentische Ich und das Erfolgs-Ich miteinander verhandeln zu lassen, um Ihr Innenleben mit den äußeren Ansprüchen zu versöhnen und zur eigenen Mitte zu gelangen.

Wenn Sie den folgenden Fragebogen beantworten, tragen Sie die Antwort sowohl für Ihr Erfolgs-Ich (EI) als auch für Ihr authentisches Ich (AI) ein. Tragen Sie auf der EI-Linie zwischen 1 bis 10 Ihren jetzigen Stand ein, wenn 1 gleich »Minimal, so gut wie gar nicht« und 10 gleich »Ja, unbedingt« bedeutet. Diese Antworten kommen oft sehr schnell – Sie wissen meist recht gut, wo Sie auf der Erfolgsleiter stehen und können sich dementsprechend einschätzen. Um die Reaktionen des authentischen Ichs aufzuspüren, brauchen Sie die Zeit, unausgesprochene Vorbehalte zu Worte kommen zu lassen. Tragen Sie auf der AI-Linie ein, inwieweit Sie innerlich und gefühlsmäßig mit dem übereinstimmen, wozu Sie sich vernünftigerweise in der Außenwelt entschlossen haben. Spüren Sie nach, welches Echo Ihre Entscheidungen in Ihrem Inneren hervorrufen. Achten Sie vor allem auf Trotzreaktionen, innere Blockaden und andere Verhaltensmuster, die Ihrem Erfolg im Wege stehen.

Selbsttest: Haben Sie das Zeug zum Erfolg?

(Und wie reagiert Ihr authentisches Ich darauf?)

1. Können Sie sich selbst motivieren? (Es gibt eine innere und eine äußere Motivation, und meist erwarten wir, von außen motiviert zu werden. Motivation aus sich selbst heraus entsteht durch Freude an der Arbeit, auch ohne äußere Anerkennung oder Belohnung durch materielle Anreize. Eine solche innere Motivation macht unabhängig von äußeren Faktoren.)

Was meint Ihr AI dazu? Wie viel innere Motivation bringen Sie mit?

1 _____ 10

Wie schätzt Ihr EI Ihre Motivation ein und wo stehen Sie in Ihrer derzeitigen beruflichen Situation?

1 _____ 10

2. Haben Sie die Fähigkeit, Impulse zu kontrollieren? (Das sofortige Umsetzen innerer Impulse führt zu unüberlegtem Handeln und dummen Fehlern, die Ihnen nicht unterlaufen wären, wenn Sie vorher darüber nachgedacht hätten. Das kann Ihnen beruflich schaden. Andererseits ist Spontaneität etwas, was Sie sich nicht nehmen lassen möchten.)

Was meint Ihr AI dazu? Sind Sie fähig, spontan zu bleiben und dennoch überlegt zu handeln?

1 _____ 10

Können Sie Ihr EI dazu bringen, vor wichtigen Äußerungen und Entscheidungen im Beruf innezuhalten, zunächst das Für und Wider einer Reaktion abzuwägen und dabei von Ihren Erfahrungen, die Sie in der Vergangenheit gemacht haben, auszugehen, statt sich nur von Ihrer gegenwärtigen Laune beeinflussen zu lassen?

1 _____ 10

3. Haben Sie Ausdauer und Durchhaltekraft? (Wer zu lange festhält, blockiert sich auf dem Lebensweg. Wer zu schnell resigniert, wird nie zu etwas Befriedigendem kommen. »Beharrlichkeit bringt zum Ziel.« Wissen Sie, wann es genug ist, und können Sie loslassen, wenn es die Vernunft gebietet?)

Wie sehr kann Ihr AI die Vernunft als Leitstern für Ihre innere Orientierung akzeptieren?

1 _____ 10

Inwieweit ist Ihr EI emotional ausgeglichen? Lässt es sich von unbewussten Emotionen leiten und verfängt sich in schädlichen Verhaltensmustern, z.B. zu lange auf etwas zu beharren oder nicht lange genug abwarten zu können?

1 _____ 10

4. Haben Sie die Gabe entwickelt, das Beste nicht nur aus den Umständen, sondern auch aus Ihren eigenen Fähigkeiten zu machen? Kennen Sie Ihre Fähigkeiten? Bringen Sie sie beruflich optimal zum Einsatz?

Was meint Ihr AI dazu? Wie sehr können Sie sich im Beruf selbst verwirklichen?

1 _____ 10

Wie beurteilt Ihr EI Ihre berufliche Lage: Entsprechen Ihre Fähigkeiten Ihrem Status, Ihrer Anerkennung und Ihrem Verdienst?

1 _____ 10

5. Können Sie selbstständig Ideen in Taten umsetzen? (Oder brauchen Sie äußeren Druck, um auf die Sprünge zu kommen?) Welche Ideen wären es, die Sie unabhängig von äußerem Druck

verwirklichen wollten? Und inwieweit bringen Sie diese Ideen in Ihren Beruf ein? Lassen Sie Ihr AI antworten.

1 _____ 10

Und wie können Sie die Ideen als Wertvorstellungen in Ihr beruf-liches Tätigkeitsfeld einfließen lassen? Inwieweit ist Ihnen gelun-gen, Ihre Visionen auf den Beruf zu übertragen? Lassen Sie Ihr EI antworten.

1 _____ 10

6. Haben Sie Eigeninitiative und ergreifen Sie die Initiative, wenn es darauf ankommt? Oder warten Sie immer auf den Anstoß von außen? Initiative zu ergreifen bedeutet wörtlich, den Anfang zu machen. Das erfordert, sich auf Menschen und Situationen ein-zulassen. Die Hemmung sich einzulassen ist ein Grund dafür, nie den Anfang machen zu wollen und stattdessen zu warten.

Inwieweit sind Sie bereit, sich voll und ganz im Beruf einzulassen und Initiative zu ergreifen, wenn diese gefragt ist? Was meint das AI spontan dazu?

1 _____ 10

Inwieweit kann Ihr EI sich darauf verlassen, dass Sie geistesge-genwärtig Chancen ergreifen, wenn sich diese im Beruf ergeben?

1 _____ 10

7. Haben Sie Angst vor Fehlschlägen? (Niemand begeht Fehler absichtlich – doch dumme Fehler sind solche, die man durch kluges Bedenken hätte vermeiden können.) Die Konsequenzen, die sich aus Fehlern ergeben, können Versagensängste auslösen und erfolgsorientiertes Handeln beeinträchtigen. Sind Sie bereit, Ihr Verhalten gegebenenfalls zu korrigieren, um nicht den gleichen Fehler nochmals zu begehen? Können Sie aus Fehlern lernen? Können Sie Fehler zugeben, ohne dass Ihnen ein Zacken aus Ihrer Krone fällt?

Fragen Sie Ihr AI: Lassen Sie sich von Fehlern entmutigen, identifizieren Sie sich mit der Versagerrolle (1) oder nehmen Sie Fehler als Chance wahr, etwas zu lernen und es das nächste Mal anders zu machen(10)?

1   10
_____

Fragen Sie jetzt Ihr EI, inwieweit Sie fähig sind, nach einem Versagen weiterzumachen. Inwieweit können Sie unbewusste Blockaden überwinden bzw. als Hinweis auf unbewusste und unverarbeitete Negativerfahrungen sehen und angehen?

1   10
_____

8. Schieben Sie Dinge gern auf die lange Bank? (1 = ja, grundsätzlich, 10 = überhaupt nie)

Fragen Sie Ihr AI und seien Sie ganz ehrlich mit sich selbst.

1   10
_____

Fragen Sie Ihr EI und achten Sie darauf, inwieweit Sie sich unter großem Aufwand zwingen müssen, Dinge zu erledigen. Stehen Sie oder arbeiten Sie öfters unter Zeitdruck?

1   10

9. Können Sie berechtigte Kritik akzeptieren?

Wie reagiert Ihr AI spontan? Lassen Sie auch unangenehme Gefühle zu. (1 = nein, 10 = ja)

1   10

Wie geht Ihr EI mit Kritik um? (Ziehen Sie auch ungerechtfertigte Kritik oder unkonstruktives Feedback in Betracht.) Lassen Sie sich dadurch von Ihrem Vorhaben abbringen? (1 = ja, leicht, 10 = überhaupt nicht)

1   10

10. Können Sie aus eigener Kraft persönliche Schwierigkeiten überwinden, Schattenseiten und Krisenzeiten hinnehmen, das Auf und Ab im Leben gleichmütig einberechnen, sich den Problemen stellen und sie angehen?

Lassen Sie Ihr AI antworten, inwieweit es sich dies zutraut (1 = kaum, 10 = sehr).

1   10

Inwieweit fühlt sich Ihr EI von Ihrem AI unterstützt? (1 = kaum, 10 = sehr)

1   10

Nutzen Sie den Fragebogen zur Selbstprüfung, um die Trennung zwischen Beruf und Privatleben nutzbringend zu überwinden. Es ist leichter, Ihre Potentiale zu verwirklichen, wenn beide Lebensbereiche sich nicht weiterhin bekämpfen müssen, sondern sich gegenseitig aufbauen können und das Leben sich lustvoll gestalten lässt.

Was heißt hier Erfolg?

Karriere und Erfolg können ganz unterschiedlich definiert werden. Meist wird darunter aber etwas verstanden, was man als »vertikale Karriere« bezeichnet. Diese Karriere ist durch stetigen Aufstieg gekennzeichnet, bis es weiter nicht geht. Für viele Frauen ist dies mit großen Opfern und Verzicht auf Privatleben verbunden. Aber Karriere kann auch ganz anders sein. Nämlich:

1. Horizontal
2. Beständig
3. Vertikal
4. Zyklisch

1. Die »Horizontalen« lassen sich durch das Leben treiben, nicht nur privat, sondern auch beruflich. Sie nehmen es, wie es kommt, und sind auch mit Jobs ohne Aufstiegschancen zufrieden. Sie suchen keinen Aufstieg, sondern Abwechslung. Sie wollen Neues kennen lernen und sich nicht langweilen. Hierarchiestufen spielen dabei keine Rolle. In der Abwechslung liegt die

Herausforderung, immer von neuem zu beginnen. Oft wird dieses Abenteurerleben zum Stoff für Romane oder spannende Reisereportagen, aber auch diese Produkte sind nur erfreuliche Nebenerscheinungen. Hauptsache, es geht weiter, immer weiter. Und da die Erde rund ist, sind dieser Art von ständiger Erweiterung keine Grenzen gesetzt. – Es sei denn, das authentische Ich wird in seinem Hunger nach Abenteuer durch ein konventionell angepasstes Ich gebremst, dass seine Lektion gelernt hat: Du sollst nicht springen, sondern beständig fortschreitend dich verbessern. Wer Glück hat, schlägt diesen Rat in den Wind und springt – ins kalte Wasser, über trennende Klüfte, über Abgründe, wenn's sein muss.

2. Den »Beständigen« ist Sicherheit das Wichtigste. Der Beruf wird zur Heimat, zum Ort, zu dem es sich immer wieder zurückkehren lässt. Oft entscheidet das authentische Ich schon sehr früh, wohin es beruflich gehen soll, und bringt dann auch die nötige Disziplin mit, den Traumberuf ausüben zu können. Aufstieg ist nicht ausgeschlossen, aber auch nicht Bedingung dafür, bei dem einmal gewählten Berufsbild zu bleiben. Der Beruf macht Freude und lohnt sich, unabhängig von allen äußeren Einflüssen. Pech ist es, wenn diese Stabilität durch einen zunehmend wechselhaften Markt bestimmt und so unter Umständen gefährdet wird. Früher war es besser: Da gab es eine Zunft, die Berufsinteressen vertrat. Heute wird von den Beständigen erwartet, dass sie selbst ihre Interessen vertreten und auf den Markt abstimmen.

3. Die »Vertikalen« sind die Karrieristen, wie man sie kennt. Die Stelle gewechselt wird nur dann, wenn es dem Aufstieg dient, die Richtung ist vorgezeichnet: immer höher, nach oben; Gründe dafür liegen im persönlichen Leistungsanspruch und im ehrgeizigen Streben nach sozialem Status, materiellem Erfolg, nach Macht und Einfluss. Aber oft hört man von Frauen, die es bis zur Spitze geschafft haben und top waren, nur um in relativ jungen

Jahren die Karriere abzubrechen und das Leben umzukrempeln – vor allem im künstlerischen Bereich der Stars und im Bereich der altersbedingten Hochleistungen geschieht es immer wieder, dass ein Leben nach dem Leben folgt, wahrscheinlich als Folge vernünftiger Überlegungen und eines zunehmenden Einflusses des authentischen Ich, das sich durchgesetzt hat.

4. Die »Zyklischen« wechseln alle paar Jahre, zumeist in einem Turnus von 5 bis 10 Jahren. So lange braucht es, um sich in einem beruflichen Gebiet zu etablieren. Doch kaum ist der Erfolg da, lockt der Neuanfang. Es wird gebaut und gebaut, und kaum ist das Haus fertig, wird es verkauft – meist zu höchstbietenden Preisen. Dieser Karriereverlauf nimmt ebenfalls zu. Immer dann, wenn das Arbeitsgebiet ausgereizt ist oder scheint, dann geht es auf zu neuen Gestaden. Neues Wissen wird angesammelt, neue Kompetenzen werden erworben. Was gleich bleibt, ist meist der Grad der sozialen Kompetenz: Wer in den alten Berufen nicht gelernt hat, mit Menschen umzugehen, wird auch in dem neuen Beruf Mühe haben, einen guten Stand zu finden. Wie bei den Horizontalen spielen Hierarchiestufen und Rollenzuschreibungen keine große Rolle; als Gründe für diesen Arbeitsstil werden Neugier angeführt oder auch eine angeborene Rastlosigkeit. Im Gegensatz zu den Horizontalen, die sich von ihren neuen Aufgaben finden lassen und meist eine entspannte Haltung an den Tag legen, haben die Zyklischen eher etwas Getriebenes an sich. Sie scheinen nicht anders zu können, als sich immer neue Arbeitsbereiche zu erschließen. Wenn der Zyklus vorbei ist, gilt es ihn zu wiederholen, mit allen Phasen des Beginnens, der Höhepunkte, des Abbaus, der zum Wechsel führt. Und dies mit schöner Regelmäßigkeit.

Welches Erfolgsmuster entspricht Ihnen am ehesten? Was bedeutet Erfolg für Sie persönlich? Fürchten Sie manchmal, dass Sie beruflichen Erfolg nur erreichen können auf Kosten innerer Überzeugungen und Werte? Was ist eigentlich dieser innere Kern, den wir nicht verraten wollen? Ist uns das überhaupt klar? Oft ist es ganz schön verwirrend herauszufinden, wie unser Herz im Innersten schlägt.

Das **Ich** hat **viele Gesichter**

Sie meinen, Sie hätten nur ein Ich, und das müsste für ein Leben reichen? Oder, bitteschön, wenn es denn sein muss, eben zwei: das authentische und das Erfolgs-Ich. Wir glauben oft, unser Ich könnte sich nicht verändern, wir müssten es also so hinnehmen, wie es nun mal ist und wie wir es gewohnt sind.

Gehen wir jedoch einmal (zusammen mit der modernen Psychologie) davon aus, dass es mehr als nur ein Ich gibt. Wenn Sie genau hinschauen, wissen Sie es ja auch von sich selbst: Je nachdem, mit was Sie sich gerade identifizieren, d.h. in welchem Zustand Sie sich auf die Brust schlagen und im Brustton der Überzeugung sagen können: So bin ich und nicht anders, so präsentiert sich Ihr Ich in diesem Moment. Manche Menschen wechseln ihr Ich wie ihr Unterhemd, andere sind beständiger in ihrer Identität, in der sie schon viele Facetten ihres Ichs in Einklang gebracht haben. Aber auch die Beständigsten widersprechen sich irgendwann einmal, vor allem wenn einschneidende Veränderungen einen Wechsel in der inneren Einstellung verursacht haben. Dieser Mensch ist »wie ausgewechselt«, oft hat er Mühe, seine alte Identität mit der neu erworbenen zu vereinen, d.h. er selbst zu bleiben. Wenn wir jedoch die Fähigkeit nicht hätten, auf Veränderungen flexibel zu reagieren und sie in unsere gewohnte Identität zu integrieren, würden wir innerlich erstarren und letztlich keine Veränderung zulassen. Innere Flexibilität befähigt uns dazu, »mit der Zeit zu gehen«, uns immer wieder neu einzustellen und umzustellen, statt in einer Welt zu leben, in der die Zeit stehen geblieben ist und die wir mit niemandem teilen außer mit uns selbst und zwar mit unserem Selbst, das auf stur geschaltet hat.

Tipp

Erlauben Sie sich selbst zu verändern, ohne sich selbst zu verraten.

Sagen Sie sich einerseits: Ich bin so, wie ich bin.
Fügen Sie hinzu: Und ich kann auch ganz anders.

Die fünf Gesichter des Ich

Das Ich kann viele Gesichter machen.

Es kann ein kritisches Gesicht ziehen: Stirnrunzeln, beißt sich auf die schmalen Lippen, der Mund ist zusammengezogen ...

Es kann ein mütterliches Gesicht machen: Alles ist weich und rund, keine harten Kanten, die Haut vielleicht ein wenig schwammig und aufgequollen, die Augen schauen besorgt, ob alle zurechtkommen oder Hilfe brauchen. Wenn es jemandem schlecht geht, zeigen die Augen lebhafte Anteilnahme.

Es kann ein Pokerface aufsetzen: Es lässt sich nicht in die Karten schauen. Meistens ist es aber cool und liegt damit genau im Trend.

Es kann ein charmantes Kindergesicht mit vor Begeisterung leuchtenden Augen haben (und im nächsten Augenblick einen Gefühlsausbruch aufs Parkett legen, der sich gewaschen hat). Der ganze Körper ist daran beteiligt, sich möglichst dramatisch in Szene zu setzen.

Es kann sich anpassen und nach nichts ausschauen: graue Maus, unauffällig, bleiche Gesichtsfarbe, stumpfe Augen, niedergeschlagener Blick oder auch im Trotz zusammengezogene Gesichtszüge.

Das Kritiker-Ich

Es hat etwas von einem Schulmeister und Oberlehrer an sich, weiß es immer besser. Typisch auch: Es weiß immer Bescheid (es ist eben gut informiert). Es hegt Vorurteile und lässt sich nicht beirren darin, trotz mehrmals gemachter gegenteiliger Erfahrung (es lässt sich doch nichts vormachen, sich für dumm verkaufen!). Es wertet andere ab. (Die kochen auch nur mit Wasser!) Es droht mit Strafe. (Du wirst schon sehen, wohin das führt!)

Es hat auch seine guten Seiten, das Kritiker-Ich. Aber diese fallen kaum auf, sie werden selbstverständlich vorausgesetzt bei einem erwachsenen Menschen (Wäre ja noch schöner): Es passt auf die Zeit auf, trägt eine Uhr, die genau geht, und guckt immer wieder verstohlen darauf. Es achtet darauf, dass wir rechtzeitig das Haus verlassen, um den Bus zu erwischen und pünktlich ins Büro zu kommen. Es rechnet damit, dass das Auto im Winter Zeit braucht, um enteist zu werden. Es kümmert sich darum, dass auch die Garderobe in Ordnung ist, die Kleider in die Reinigung gebracht werden und das entsprechende Kostüm bereit liegt, wenn eine Besprechung ansteht. Und es sitzt perfekt, weil das Kritiker-Ich realistische Erwartungen hat und sich beim Einkauf eines Kostüms nicht sagt: Ach, da mache ich eine Diät, und dann geht der Reißverschluss schon zu. Das Kritiker-Ich hat ein gutes Auge. Es sieht alle Mängel auf einen Blick.

> **Erfahrungen wären nur dann von Wert, wenn man sie hätte, ehe man sie machen muss.**
>
> *Heinrich Waggerl*

Dieses Ich kennt die Regeln und Gesetze, sei es des richtigen Verhaltens bei einem Dinner im Fünf-Sterne-Hotel, sei es bei der Steuererklärung. Es weiß, dass es bei allem Grenzen gibt und wo sie verlaufen. Sehr romantisch ist es nicht, aber dafür vermeidet es Schmerz und Enttäuschung und warnt frühzeitig vor möglichen Schäden, vor bösen Folgen und unangenehmen Konsequenzen. Allerdings ist es oft so streng, dass es uns Schmerzen im Innen zufügt, um uns vor Schmerzen im Außen zu bewahren. Es meint: »Besser ich sage dir,

was du für ein Trampel bist, damit du diese blöde Idee mit dem Tanz-
kurs gleich fallen lässt. Wenn du sie nämlich nicht fallen lässt, dann
werden alle anderen sehen, was du für ein Trampel bist, und das wird
dir dann erst so richtig wehtun!« Das Kritiker-Ich setzt als Maßstab
meist Erfahrungen aus der Kindheit an. Vielleicht sind wir damals bei
einer Theateraufführung an der Schule gestolpert und andere haben
darüber gelacht. Nun will es uns also alles ausreden, was dazu führen
könnte, dass so etwas Schmerzhaftes wieder passiert. Es schränkt uns
dabei allerdings sehr ein. Vielleicht hätten wir jede Menge Spaß beim
Tangotanzen und würden entdecken, dass das Stolpern damals ein
zufälliges Missgeschick war. Tatsächlich haben wir ein super Rhyth-
musgefühl! Viele Menschen finden so etwas aber nie heraus, weil sie
zu sehr auf ihr Kritiker-Ich hören.

Das mütterliche Ich

Fast keine Mutter kann so gut sein, wie wir es uns im tiefsten
Grunde unseres Herzens gewünscht haben und immer noch wünschen. Es ist eine Mutter, wie sie im (altmodischen) Kinderbuch
steht: Sie wäscht, bügelt, stärkt und stopft noch vor Morgengrauen,
richtet das Frühstück liebevoll her, zündet eine Kerze an, bereitet den
Toast vor und achtet darauf, dass er nicht anbrennt. Sie kennt ihr
Kind in und auswendig, weiß natürlich, ob das Kind überhaupt Toast
mag oder lieber frische Brötchen, die sie vom Bäcker holt, sobald der
aufmacht. Sie verwöhnt nach Strich und Faden, lässt keine Gelegenheit ungenutzt, um der gestressten Frau im Beruf Geduld, Ermutigung und Trost zu spenden. Das gibt es nicht? Aber ja doch, das gibt
es. Viele Frauen sind dazu übergegangen, sich die Streicheleinheiten
selbst zu holen, die ihnen das schwere Leben verweigert. Sie lassen
sich ein Bad mit köstlichem Aroma ein, verwöhnen sich selbst mit ed-
len Düften, melden sich im Fitness-Studio und Wellness-Hotel an,
buchen einen Kururlaub auf den Kanaren, wenn die Tage dunkel
werden, kaufen die teuerste Creme gegen Falten, achten auf ihren

Körper und dessen Bedürfnisse, verpassen ihm eine Kur, wenn er sich abgearbeitet hat und müde zu Worte meldet, »die gute alte Haut«, die darauf drängt, auch einmal beachtet zu werden, statt immer für andere sich aufzuopfern. Die moderne Frau hat gelernt, sich selbst die Erlaubnis zu geben, die ihre Mutter vielleicht nie gegeben hat, ja, vielleicht nicht einmal gewusst hat, dass es überhaupt zur Debatte steht, sich bestimmte Dinge ausdrücklich zu erlauben, so zum Beispiel Erfolg zu haben im Beruf und die eigenen Eltern, sogar den Vater zu überflügeln. Sich erlauben, hohe Ansprüche zu stellen. Sich erlauben, Neues auszuprobieren, statt immer wieder die Leier des Altbewährten herunterzunudeln. Mal auch ein Risiko einzugehen – eine gute Mutter hat Verständnis dafür, denn sie hat Verständnis für alles. Verständnis baut auf. Unterschiedslos bejaht sie also alles, was ihr Kind so treibt, ihre Fürsorge kennt keine Grenzen. Eine Mutter ist eben so, sagt sie, wenn man sie fragt, wie sie denn das vertreten kann. Sie sieht unbeirrbar alles positiv, denn das Positive stärkt den Lebensmut, meint sie.

Eines Tages jedoch gibt es für die gute Mutter ein böses Erwachen: Trotz positiven Denkens bleibt die Welt dieselbe, böse und erbarmungslos. Das mütterliche Ich will zu Hilfe eilen, will retten, auch dort, wo es nicht um Hilfe, guten Rat oder eine groß angelegte Rettungsaktion gebeten worden ist, und plötzlich geht das mütterliche Ich total auf die Nerven – überall mischt es sich ein und ist dabei. Es lässt kaum mehr Platz zum Atmen. Und die Leckereien, mit denen es lockt, machen dick. Das positive Denken macht dumm. Ein neues Ich drängt sich vor und besteht darauf, für sich selbst Verantwortung zu übernehmen, um endlich frei zu sein.

Das eigenverantwortliche Ich

Es tut sich schwer, die Anerkennung zu erhalten, die es verdient, denn es kommt eher unauffällig daher, in seiner Vernünftigkeit ein wenig trocken und spröde. Dafür kann es Entscheidungen durchdenken und die Situation einschätzen. Es kennt die Fakten und die

Konsequenzen. Es macht nichts her. Es erwartet keinen Applaus. Es tut seine Pflicht und weiß, dass es seinen Lohn durch sein eigenes Funktionieren erhält. Es zieht Bilanz und bedenkt Alternativen. Seine Wahrnehmung ist scharf. Es beobachtet gerne, bevor es in den Vordergrund tritt. Mit diesen seinen Eigenschaften passt es für viele nicht in das Frauenbild und für Frauen nicht in das Selbstbild. Dem eigenverantwortlichen Ich wird gefühlskaltes, rationales Vorgehen vorgeworfen, da die Gefühle zwar zugelassen und wahrgenommen, aber nicht für die letzte Weisheit gehalten werden. Auch die Intuition und die Phantasie werden in ihre Schranken gewiesen. Lieber werden die Tatsachen noch einmal überprüft und die Lage aus verschiedenen Perspektiven angesehen. Obwohl es so gewissenhaft und gründlich ist, hat es keine guten Karten, dieses Ich. Sein Realismus langweilt. Keine Katastrophen, keine Sensationen, keine Dramen werden geboten. Ständig muss das erwachsene, reife und eigenverantwortliche Ich sich gegen das kindliche Ich behaupten, das durch Trotz oder temperamentvolle Gefühlsausbrüche beweisen möchte, dass doch die Natur nur ihren Lauf nehmen sollte und sich dann, ganz von selbst, Authentizität ergeben würde. Professionalität ist für das eigenverantwortliche Ich Mittel zum Zweck. Für das geniale Kind ist es ein rotes Tuch. Professionalität, das gilt nur für die Zeit, die ich im Büro verbringe, poltert es los. Und die Investition lohnt sich nicht, schließlich ist das nur ein Job, den ich vorübergehend angenommen habe, für die Brötchen, schließlich muss auch ein Genie von etwas leben. So meldet sich das geniale Ich zu Wort.

> Die Welt ist für uns stets eine Antwort, die von der Frage abhängt, die wir an sie stellen.
>
> *Stanislaw Brzozowski*

Das geniale Ich

Das geniale Ich hat eine wunderbare Kindheit gehabt, ob in Wirklichkeit oder nur in der eigenen Vorstellung tut nichts zur Sache. Das Ich erlebte sich frei und ungebunden, die Welt lag ihm zu Füßen, es konnte seine Ideen ungehindert in die Tat umsetzen und sich selbst verwirklichen. Es spielte, fand und erfand sich selbst im Spiel. Spielerisch meisterte es die Schule, die schwierigsten Aufgaben, die natürlich Nebensache waren. (Eigentlich ging es um etwas ganz anderes, Höheres!) Es war spontan, kreativ, grenzenlos lebendig (vor allem in der Erinnerung erscheint die kindliche Lebendigkeit im Glanz der nostalgischen Verklärung). Ach, was war es impulsiv! Was war es frei! So emotional, himmelhoch jauchzend, zu Tode betrübt, eben voll beteiligt und ganz dabei, immer temperamentvoll, und was gibt es Lebendigeres als ein ungezügeltes Temperament? Sicher, manchmal verlor es auch den Überblick und überschätzte sich. Fiel in der Schule durch. (Schuld war der spießige Lehrer, der nicht über seinen Tellerrand sehen konnte.) Aber es konnte tun und lassen, was es wollte. (Und sehnte sich manchmal danach, bei aller Freiheit eine Aufgabe zugewiesen zu bekommen, um endlich Konturen zu erkennen, sich zu etwas bekennen zu dürfen, so dass seine Gaben auch Form annehmen und Gestalt gewinnen konnten.) In der Erinnerung wird es davon überzeugt bleiben, zwar kein guter Schüler, aber doch ein genialer Geist gewesen zu sein. Spätestens seit Einstein wissen wir, dass das Kind im Manne ein geniales ist. Pippi Langstrumpf ist zwar nicht genial, aber rothaarig, sommersprossig und frech. Und sie geht ihren eigenen Weg, hat die Hosen an, trotzt einer ganzen biederen Gemeinde. Aber was heißt hier Trotz? Das hat das geniale Kind gar nicht nötig. Das brave Kind hingegen umso mehr.

Das angepasste Ich

Das brave Ich ist so brav, dass es nie auffällt. Es ist so wie ein Chamäleon – perfekt an seine Umgebung angepasst. Es will es allen recht machen. Deshalb fühlt es sich gut in andere ein. Es ist höflich und verbindlich, meisterhaft in den Künsten der Diplomatie und des Kompromissschließens. Doch eines Tages begehrt es auf, und dann ist Schluss mit den Kompromissen aller Art, Schluss mit der Unterwerfung. Jetzt bin ich dran, schreit es, wenn es nicht mehr sich unterordnen, den Verhältnissen anpassen, sich auf die Bedingungen und Notwendigkeiten einstellen mag. Es mag zwar altklug und gleichzeitig ein Spätentwickler sein, aber nach Jahren des artigen Benehmens, des ängstlichen Wartens, das sich nie ausgezahlt hat, nach all den Jahren, die es zurückgestanden ist, um andere zuvorkommend zu behandeln, reicht es ihm eines Tages, und es stellt sich quer. Es wird zum Trotzkopf und verweigert sich. Eigentlich schade, denn Trotzkopf ist ein helles Köpfchen und hat viel gelernt, was dem erwachsenen Ich zugute kommen könnte, wenn es nicht immer wieder als Trotzkopf dazwischen funken müsste, um sich selbst zu beweisen, dass es (als Ich) immer noch Herr im eigenen Hause ist und die Kontrolle ausübt. Es ist ein unreifes Ich, dieses brave Ich, und all die Anpassungsleistungen, die es vollzogen hat, sind umsonst gewesen, wenn es nicht lernt, sich mit anderen Teilen der Persönlichkeit zusammenzutun.

Bei aller Unauffälligkeit ist das angepasste Ich leicht zu erkennen, nämlich daran, dass es sich als Erstes unterkriegen lässt. Sich sofort klein macht. Sich schlecht macht. Es reagiert überempfindlich auf die überheblichen Belehrungen des kritischen Ichs, ist gleich verunsichert, stellt sich selbst in Frage, nicht den anderen, und gerade dem Kritiker nimmt es alles ab, frisst ihm aus der Hand, ganz schön naiv. Es wartet lieber auf Hilfe von außen, als sich selbst zu helfen. Es wartet darauf, dass man ihm sagt, was es zu tun hat, anstatt selbst zu überlegen, was es eigentlich will im Leben. Alles lässt es über sich ergehen, weil es meint, auch diese Anpassung werde von ihm verlangt. Mit dem Stillhalten, Kleinmachen und Nichtauffallen hat es gute Erfahrungen gemacht, meist war es gut in der Schule, weil es alles lernte, was ihm vorgesetzt wurde, auch die Regeln des angepassten Verhaltens. Das angepasste Ich und das Kritiker-Ich sind ein perfektes Paar, was das gegenseitige Fertigmachen betrifft. Das Kritiker-Ich haut rein, wo und wann immer das angepasste Ich zaudert, zögert, sich nicht entscheiden kann oder sich nicht entscheiden will. Und wenn das angepasste Ich mal wieder in der Trotzphase ist und seinen Dickkopf um jeden Preis durchsetzen will, dann hat sich der Kritiker schon längst so unbeliebt gemacht, dass niemand mehr seine Kritik anhört, geschweige denn ernst nimmt, auch wenn sie noch so richtig am Platz ist und noch so viele Probleme von vornherein vermeiden könnte. Tja, so ist das. Schade.

Wie können all diese kleinen Persönlichkeiten, die wie russische Puppen in einer Person enthalten sind, besser kooperieren, um statt Selbstsabotage Selbstförderung zu betreiben?

Susanne stellte sich diese Frage, nachdem ihr in ihrem Beruf etwas passiert war, was sie überhaupt nicht verstehen und einordnen konnte. Bislang meinte sie, sich immer absolut professionell verhalten zu haben, und hatte auch keine Schwierigkeiten damit, ihr Selbstverständnis mit ihrer beruflichen Rolle zu verbinden. Susanne ist 37, Personalreferentin in einer großen Computerfirma. Sie arbeitet in einem Büro, das sie liebevoll mit Topfpflanzen und Postkarten von Mitarbeitern aus dem Urlaub verschönert, denn sonst wäre es schon arg nüchtern hier. Susanne tut alles, um auch in ihrer beruflichen Stellung einer Vorgesetzten etwas Freundliches in den tristen Alltag hineinzubringen.

Aber jetzt hat sie den totalen Frust weg, denn eine ihrer unterstellten Mitarbeiterinnen hat zu ihrem Geburtstag Kuchen ausgegeben, aber nicht ihr, ihrer Vorgesetzten. Die Enttäuschung ist herb und verletzt sie tief (wenn sie davon erzählt, steigen ihr immer noch die Tränen in die Augen), da sie sich besonders um diese Mitarbeiterin doch so bemüht hat. Geben ist seliger als Nehmen, sagt sie, aber jetzt fragt sie sich doch, ob sie auch in anderen Situationen dazu neigt, mehr zu geben als zu nehmen. Plötzlich stimmt ihr Selbstbild nicht mehr. Sie war fürsorglich zu ihren Mitarbeitern, lädt sie zu ihrem Geburtstag auch von ihrem privaten Geld ein, fährt jede Menge auf – und jetzt das! Ein schleichendes Gefühl breitet sich in ihr aus, noch ist es mehr eine Frage als eine Gemütsverfassung: Könnte es sein, dass sie Probleme damit hat, ihren

Wunsch, auch etwas geboten zu bekommen, selbstverständlich anzunehmen? Wie würde es sich anfühlen, wenn sie den Spieß umkehren und für eine Zeit lang mal mehr nehmen als geben würde?

Sogleich melden sich zwei Seelen in ihrer Brust. Der eine Teil in ihr will geben. Der andere Teil, der jetzt aus der Versenkung auftaucht, will nehmen. Verdammt noch mal, meint dieser Teil, das stünde ihr nun wirklich zu. Und sogleich führt er all die Situationen an, in denen sie mehr gegeben als genommen hat. Der Teil meint: Du bist dran. Los, hol es dir. Susanne ist empört über diese Gedanken, denn sie fühlt eine Gier in sich aufsteigen, die ihr gänzlich fremd ist. Das bin ich!, sagt sie sich. Das kann nicht sein!, sagt sie sich. Und doch, das Gefühl ist da und geht nicht mehr weg. Eine grundlegende Inventur scheint anzustehen. Sie nimmt sich den Fragebogen zur Politik des Innenlebens vor und entdeckt noch ganz andere Seiten in sich.

Wer hat in Ihrem Innenleben das Sagen?

Mit welchem Ich identifizieren Sie sich am meisten (»Das bin ich haargenau«) und mit welchem am wenigsten (»Das bin doch nicht ich, nie im Leben«)?

Tragen Sie auf einer Skala zwischen 1 und 10 ein, wie stark Sie Ihre Identifikation einschätzen, wenn 1 »Fast nie oder gar nicht« und 10 »Eigentlich immer und total« bedeutet.

Inwieweit identifizieren Sie sich mit Ihrer selbstkritischen Haltung (jetzt)?

Inwieweit sagen Sie zum Beispiel lieber: Ich bin ein Problem (10 = mit dem Problem identifiziert) als: Ich habe ein Problem (1 = Ich bemerke, dass ich ein Problem habe, aber ich bin nicht damit identifiziert). Oder: Ich bin ein totaler Versager (10) statt: Da habe ich eben versagt (5 = Ich bemerke mein Versagen, ohne mich damit zu identifizieren, gehe aber davon aus, dass das Versagen meine Schuld ist) oder: Da sind eine ganze Menge Dinge schiefgelaufen (1 = Ich bemerke, was schief gelaufen ist, und bemühe mich darum, die Ursachen zu erkennen, um weitere Fehler zu vermeiden, auch wenn sie nicht auf meine Kappe gehen). Fragen Sie sich eher: Wie gehe ich die Aufgabe an, um alles gut zu schaffen? (1), oder: Wie soll ich das je schaffen? (10).

1   10

Inwieweit identifizieren Sie sich mit Ihrer fürsorglichen Haltung (jetzt)?

Fragen Sie andere: Kann ich Ihnen helfen? (1 = Sie nehmen wahr, dass jemand Hilfe braucht, aber Sie werden nicht gleich zur Glucke und drängen Ihre Hilfe auf) oder eher: Sind Sie sicher, dass Sie das alleine schaffen? (10 = Sie sind so identifiziert mit Ihrer Fürsorglichkeit, dass Sie den anderen entmündigen und ihm Ihre Hilfe überstülpen).

1   10

Inwieweit identifizieren Sie sich mit einem Gefühl, dass Ihnen alles zusteht und von selbst zufallen sollte, ohne sich anstrengen zu müssen?

Fragen Sie zum Beispiel von vorneherein, ohne sich mit der Materie oder dem Konflikt auseinander zu setzen: Wo ist da ein Problem? Ich habe damit kein Problem – und vergessen oder verdrängen das Problem, den Konflikt, die Aufgabe (10 = Sie identifizieren sich mit der Anspruchshaltung, dass alles sich von selbst löst oder von anderen gelöst wird. Sie halten sich da raus. Es ist unter Ihrer Würde. Sie machen es sich bequem). Oder sagen Sie sich: Ich werde dieses Problem angehen, auch wenn es schwierig sein dürfte, so auf die Schnelle all die nötigen Informationen zusammenzukriegen, oder in diesem Konflikt Stellung zu beziehen, ohne selbst involviert zu werden, oder diesen Fehler zu beheben, auch wenn ich mich selbst in ein ungünstiges Licht bringe (1 = Sie spielen nicht die Rolle des verwöhnten Kindes, auch wenn es manchmal leichter wäre. Fragen Sie sich: Was genau muss ich wissen, um das Problem zu lösen, und wie sind andere in meiner Lage vorgegangen? (1) Oder: Lohnt es sich überhaupt, sich mit dem Problem zu befassen? Das bringt nur Ärger oder Unruhe (10).

1   10

Inwieweit identifizieren Sie sich mit Ihrer angepassten Haltung (jetzt)?

Sagen Sie zum Beispiel eher: Ich könnte mich auch mal ganz anders entscheiden und dabei ein Risiko eingehen (1 = Sie sind nicht identifiziert mit dem Gewohnheitstier in Ihnen, auch wenn Sie durchaus Ihre eigenen Gewohnheiten haben und schätzen. Aber Sie sind nicht mit ihnen verheiratet), oder: Lieber auf Nummer Sicher gehen, das hat sich doch bislang immer als die beste Lösung erwiesen (10 = Sie identifizieren sich mit dem, was in der Vergangenheit funktioniert hat und mit der Rolle, die Sie bislang immer gespielt haben).

Fragen Sie sich: Welche Alternativen habe ich zur Auswahl, wie könnte ich sonst noch reagieren? (1 = Der innere Abstand erlaubt Ihnen, Ihr Blickfeld zu erweitern und neue Standpunkte einzunehmen und neue Perspektiven zuzulassen) Oder: Warum soll ich ein Risiko eingehen, was habe ich denn davon, wenn ich von den Regeln abweiche? (10 = Sie bleiben in Ihrer Komfortzone oder hinter dem Ofen, dort kennen Sie sich zumindest aus und wissen, was man von Ihnen verlangt. Die Rollen sind geregelt und Sie total damit identifiziert).

1   10

Susanne entdeckt eine nie gekannte Hilflosigkeit in sich. Und das alles wegen dem Kuchen! Sie will es nicht weiter ernst nehmen, und doch: Es hat sie getroffen. Sie kann ihre Betroffenheit nicht leugnen. Für einen Augenblick fühlt sie sich wieder wie als Kind. Sie hat doch alles so gut gemacht und ist dann doch übergangen worden. Das ist nicht gerecht. Aber ist die Strategie, es allen recht zu machen, wirklich die einzige Möglichkeit, im Leben voranzukommen? Könnte sie im Beruf sich nicht gegenüber ihren Mitarbeiterinnen mehr abgrenzen, ohne Angst haben zu müssen, nun nicht mehr gemocht und kurzerhand fallen gelassen zu werden? Würde sie nicht mehr respektiert werden? Oder würde vielleicht sogar im Gegenteil der Respekt vor ihr wachsen, weil sie sich nicht von der Meinung anderer abhängig macht?

Susanne stellt einigermaßen erstaunt fest, dass ihre mütterliche Art ihr schon fast zur zweiten Natur geworden ist. Ist es nicht mehr als eine Gewohnheit? Routine? Was steht eigentlich hinter diesem Verhalten? Susanne fragt sich: Wer hat in meinem Innenleben eigentlich das Sagen? Und stößt auf überraschende Ergebnisse.

Selbsttest zur Politik des Innenlebens

Angenommen, hinter jedem Ich stünde eine Partei oder eine Lobby, wie viel Wertschätzung erfährt diese Facette Ihres Ichs von Seiten Ihres Bewusstseins? (Wie viele Stimmen würde jede Partei in Ihrem inneren Parlament erhalten?) Tragen Sie den Wert der Zustimmung (oder Ablehnung) unabhängig von den Hundertprozent ein, es können durchaus mehrere Ich-Parteien mit 1 oder mit 10 vertreten sein. 1 bedeutet krasse Ablehnung, 10 begeistertes Engagement.

Die Partei der Selbstkritik

1 _____ 10

Die Partei der Sorge für sich selbst

1 _____ 10

Die Partei der Vernunft

1 _____ 10

Die Partei der kreativen Erneuerung

1 _____ 10

Die Partei der klugen Anpassung

1 _____ 10

Susanne lässt sich von sich selbst überraschen. Es mag sein, dass sie sich als gute Mutter im Büro sieht, aber für sich selbst sorgt sie schlecht, sich selbst ist sie keine gute Mutter. Sie isst den Kuchen, obwohl er ihr nicht schmeckt, weil er zu mehlig ist, trinkt den Kaffee, der ihr Sodbrennen verursacht. Sie überschüttet ihre Mitarbeiterinnen mit Geschenken, aber sich selbst fragt sie nie, was sie eigentlich davon hat und was sie eigentlich möchte. Sie fragt auch die anderen nicht – sie nimmt einfach an, dass Kaffee und Kuchen für Gemütlichkeit sorgen. Ihr kommt der Verdacht, dass sie sich da keine eigene Meinung gebildet hat oder erlaubt. War sie die ganze Zeit also »nicht sie selbst«? Hat sie sich verstellt? Nur so getan als ob? Susanne hat alle Qualifikationen, die sie als Vorgesetzte braucht. Sie hat schon zweimal Assessments (Einschätzungen in Bezug auf ihre berufliche Eignung) im Assessment-Center durchlaufen und außerdem an Supervisionssitzungen, die im Betrieb angeboten werden, teilgenommen. Die Supervision, sagt sie, ging ihr zu weit, wurde zu privat. Sie will keine grundlegenden Veränderungen in ihrem Job. Allerdings seien auch in ihrem Bereich Veränderungsprozesse absehbar, selbst eine solche einst sichere Branche sei nicht mehr das, was sie mal war. Nun müssten sich alle darauf einstellen und »am Ball bleiben«. Das heißt im Klartext: sich selbst überlegen, wie sie sich beruflich weiterentwickeln wollen, und selbst dafür Verantwortung übernehmen. Bei einer solchen Aufgabe brauchte sie die Mitarbeit aller Teile in sich, um an einem Strang zu ziehen und Einigkeit zu erzielen.

Tipp

Tipps zur Politik des Innenlebens

- Sehen Sie in allem das Gute, auch in sich selbst.

- Gehen Sie davon aus, dass alle Ich-Zustände, so lästig oder kontraproduktiv sie sich auch äußern mögen, eine gute Seite haben, die Sie vielleicht bislang weder erkannt noch wertgeschätzt und schon gar nicht genutzt haben. Lassen Sie diese Seiten Ihrer Persönlichkeit sich im besten Licht zeigen und geben Sie Ihren Fähigkeiten eine lohnende Aufgabe.

Susanne gab ihren verschiedenen Teilen in sich verschiedene Aufträge. Sie setzte sie in Amt und Würden und verlangte ihnen einiges ab. So sollte zum Beispiel das Mutter-Ich sich jetzt vor allem um sie selbst sorgen, und als Erstes verschrieb sie sich eine lustvolle Art, die Pfunde zu verlieren, die an ihr zu viel waren und sie älter aussehen ließen, als sie war. Sie stellte ihre Ernährung um und meldete sich in einem Fitness-Studio an, zu dem sie regelmäßig nach der Arbeit ging. Das brauchte sie als Ausgleich zu ihrer Sitzarbeit. Kein Kaffee und Kuchen mehr, war die neue Devise.

Doch das war nur der Anfang. Zunächst dachte sie, sie hätte keinen selbstkritischen Teil in sich. Doch sobald sie ihm Gelegenheit gab, sich zu Wort zu melden, kam eine meckernde, motzende Stimme aus ihrem Inneren hervor, die so klang, als hätte sie nur darauf gewartet, mal so richtig vom Leder zu ziehen. Langer Rede kurzer Sinn: Die Stimme wiederholte den einen Satz, der sich vernichtend auf alles, was Susanne unternahm, auswirkte: Nicht genug. Alles schien nicht genug – so viel Kaffee und Kuchen sie auch früher aufgefahren hatte, im Nachhinein schien es einfach nicht genug. Die Stimme hatte eine widerliche Art, sich lustig zu machen. Schließlich steigerte sie sich noch und behauptete: Erstens, nicht genug. Zweitens, nicht *gut* genug. Und sofort waren alle Freude und Lust wie weggewischt. Diese Stimme hatte offensichtlich Macht und großen Einfluss auf das Innenleben.

Sie führte sich wie ein Tyrann, wie ein Diktator auf. Wer konnte dagegen antreten? Es meldete sich das angepasste Ich und meinte schüchtern zu dem übergroßen Kritiker (natürlich ein Mann, dachte Susanne, und meinem Vater nicht unähnlich): Wenn du so gut Bescheid weißt, was gut und was genug ist, warum machst du nicht ein paar Vorschläge? Das ist nicht meine Aufgabe, sagte der Kritiker beleidigt, denn er musste sich geschlagen geben.

Nun trat das kreative Ich hervor. Es war schon ganz ungeduldig geworden, seitdem es wusste, dass nichts beim Alten bleiben musste und Neues gefragt war. Das kreative Ich äußerte als Erstes einen lang gehegten Wunsch: Endlich mal wieder klettern dürfen, wenn nicht im Hochgebirge, dann wenigstens in der Sportanlage, die neuerdings auch über eine Kletterwand verfügt. Es möchte die neue Technik lernen, von der es gelesen hat. (Der Kritiker bricht in ein höhnisches Gelächter aus: Was, jetzt noch was Neues lernen, bei dem Alter? Du baust doch schon ab, ist bald Zeit, sich in einem Altersheim anzumelden!) Susanne hört sich alles an und merkt, wie der Kritiker sie schwächt, das kreative Ich mit seinen ungestümen Wünschen hingegen ihr neue Kraft gibt und Mut macht. Sie weiß

> **Der Mensch ist ein Wesen mit der Möglichkeit zu neuen Wirklichkeiten.**
>
> *Aristoteles*

jetzt, was der Kritiker eigentlich mit seinem »Nicht genug und nicht gut genug« meinte. Er wollte eigentlich sagen: Probier doch mal was ganz anderes, auf das du bis jetzt noch nie gekommen bist! Aber das kann ein Kritiker nicht. Er muss sich ja an das halten, was ihm vorgesetzt wird. Jetzt kann sie die Frustration des Kritikers in sich auch besser verstehen. Und mit dem Verständnis für den Kritiker in sich selbst kommt ein verändertes Selbstbewusstsein. Sie macht sich nicht mehr so runter, ist geduldiger mit sich selbst, achtet darauf, dass alle Teile ein Mitspracherecht haben und von diesem Recht auch Gebrauch machen. Bis jetzt haben die Verhandlungen nur Fortschritte gebracht. Sie ist freundlicher geworden. Und sogar das vernünftige Ich kann jetzt aus der Ecke kommen, in die es gestellt wurde.

Tipp

Geben Sie sich selbst eine Verfassung

Berufen Sie alle Facetten Ihrer Ich-Identität zu einer Versammlung ein und setzen Sie sie an einen Tisch – den runden Tisch, der sich für Verhandlungen eignet (und nicht an verschiedene Tische, wobei einer als Katzentisch in den Hintergrund gerät und das zugehörige Ich außen vor bleibt). Machen Sie ein Experiment: Stellen Sie für jede Facette Ihres Ichs einen Stuhl hin. Geben Sie jeder Facette eine Stimme. Stellen Sie sich vor, hinter jeder Facette Ihres Ichs stünde eine Lobby, die in den nun folgenden Verhandlungen ihre Interessen verfolgen würde. Hören Sie zu, was jede Lobby vorbringt. Achten Sie darauf, was die jeweilige Lobby dazu beiträgt, um dem Gemeinwohl zu dienen. Das Gemeinwohl, das ist Ihr eigenes Wohl. Bestehen Sie also darauf, dass die einzelnen Parteien und Seelen in Ihrer Brust sich zu einer Kooperation zusammenfinden.

Susanne hat die neue Klettertechnik gelernt und darüber hinaus ein Beispiel gesetzt für alle anderen neuen Unternehmungen, die sie in Zukunft angehen möchte. Sie hat die Erfahrung gemacht, dass der Mut wächst, wenn man einmal über seinen Schatten springt. Beim Klettern war es das Alter, das ihr wie eine Schwelle erschien. Aber je mehr sie trainierte, desto mehr wuchs in ihr die Kraft der Muskeln und das Vermögen, die richtigen Griffe im richtigen Augenblick zu koordinieren. Wenn sie so in der Kletterwand hing, dachte sie oft: Wenn ich das schaffe, werde ich auch anderes schaffen.

Ihr kritisches Ich wurde freundlicher, es wurde ein echter Freund, der sagt, was er denkt, und ihr nichts vormacht, nur um zu gefallen. Das kritische Ich ist eben eine ehrliche Haut, sie kann gar nicht anders. Sie fängt an zu jucken, wenn etwas nicht stimmt. Und Susanne hat gelernt, auf diese frühen Signale zu achten und sich darum zu kümmern. Das kritische Ich ist sehr vorsichtig und möchte gerne vorsorgen. Das hat es mit dem mütterlichen Ich gemeinsam, zusammen bilden sie ein unschlagbares Team. Sie könnten eine Gesellschaft für Lebensversicherungen aufmachen. Das vernünftige Ich überraschte mit seinen scharfsinnigen Beobachtungen, was passt, was richtig am Platz ist, wann der richtige Zeitpunkt für etwas gekommen ist. Das vernünftige Ich blättert im Terminkalender und koordiniert die Aufgaben, die anstehen. Es wartet nicht, dass jemand anderes sie übernimmt oder dass sie sich von selbst erledigen, und es trägt auch Kurzurlaube, Abendveranstaltungen und Ferien rechtzeitig ein. Auf der ersten Seite stehen Langzeitprojekte, darunter ein Kletterurlaub in den Dolomiten, und, mit einem Fragezeichen versehen, das Wort »Weiterbildung«. Susanne könnte sich gut vorstellen, beruflich etwas ganz anderes zu machen. Oder innerhalb ihres Kompetenzbereichs der Personalentwicklung nach Aufstiegsmöglichkeiten Ausschau zu halten. Das vernünftige Ich unterstützt sie dabei, indem es ein sicheres Gefühl dafür hat, was sie sich zumuten kann und was eine Schuhnummer zu groß ist für sie. Trotzdem muss sie sich nicht dafür geißeln oder runtermachen. Auch mit der Anpassung hat sie Freundschaft geschlossen. Sie weiß, dass eine »steile Karriere« vielleicht nicht mehr drin ist und auch nicht sein braucht, um glücklich zu werden. Aber sie kennt das Gefühl vom Klettern, dass auch die steilsten Felsen kleine Nischen haben, die Halt geben und an denen man sich hochziehen kann. Im Klettern übt sie, sich an die Gegebenheiten in der Natur anzupassen, statt ihren Trotzkopf durchsetzen zu wollen, denn: Der Berg ist stärker als der stärkste Dickschädel. Das kreative Ich sammelt in der Zwischenzeit Ideen, die es dann vorbringen wird, wenn es Zeit dafür ist, neue Wege auszuprobieren. Susanne kann auf sich stolz sein. Sie hat mit ihrer neuen Digitalkamera auf ihrer letzten Bergwanderung einen wunderbaren Gebirgsbach fotografiert und als Bildschirmschoner installiert. Sie sagt: Ich bin meine eigene Quelle.

Susanne war erfreut, aber nicht übermäßig erstaunt, als nach einiger Zeit das Angebot auf sie zukam, eine Führungsposition zu übernehmen. Sie brauche eine Bedenkzeit, sagte sie, obwohl sie sich schon ziemlich sicher war, dass sie das Angebot annehmen würde.

Wenn ich mich ungerecht kritisiert oder angegriffen fühle, kommen mir immer gleich die Tränen. Das hasse ich! Typisch Frau!, denkt mein Chef dann wahrscheinlich. Ich fühle mich komplett hilflos und ohnmächtig und schäme mich dafür.

▶ Typisch Frau! bezieht sich auf Tränen als Druckmittel und nicht als körperliche Reaktion.

▶ Lieber überreagieren als ein undurchdringliches Fell haben und nichts mitbekommen.

▶ Erwachsen werden heißt, lernen die Fassung zu wahren, ohne sich abzuhärten.

▶ Es hilft, im Voraus die Angriffe kommen zu spüren, um sich darauf einstellen und wappnen zu können.

▶ Das Schmerzhafteste an einer solchen Situation ist meist die Scham – Scham entsteht aus einer inneren Selbstverurteilung durch das Kritiker-Ich, die meist tausendmal härter ist als das Urteil von außen. Würden Sie je einer guten Freundin solche Vorwürfe dafür machen, dass ihr die Tränen gekommen sind? Könnten Sie das gleiche Verständnis, das Sie ihr entgegenbringen würden, auch für sich selbst aufbringen?

Wenn wir den **Kontakt** zu uns selbst **verlieren**

Manchmal geschieht es, dass wir uns selbst abhanden kommen. Dann ist der Kontakt zum eigenen Kern abgebrochen oder sehr schwach geworden. Wir fühlen uns, als hätte man uns den Boden unter den Füßen weggezogen, als würden wir nur auf der Oberfläche leben und keine Reserven haben. Es fehlt die Tiefendimension, der nährende, schützende und tragende Hintergrund. Natürlich können wir die Umstände dafür verantwortlich machen: zu wenig Zeit für uns selbst, zu viel um die Ohren, Dauerstress. Ärger. Frust. Oder Angst hält uns davon ab, uns einfach so zu geben, wie wir sind.

Angst macht verlegen, beklommen, lähmt uns und verstellt die Verbindung zum eigenen Kern. Eine Möglichkeit, mit den Ängsten umzugehen, ist spielerisch Alternativen dagegen zu setzen und so zu tun, als ob die Angst schon gebannt und bewältigt sei. Dies ersetzt keine Therapie, aber es hilft in Krisensituationen, in denen wir ganz schnell ganz viel Mut und Kraft brauchen, oder bei Entscheidungen, die wir fällen müssen, auch wenn wir uns nicht dafür bereit fühlen. Wenn Sie in Kontakt mit Ihrem Kern, Ihrem authentischen Ich sind, fällt es Ihnen leichter, sich nicht in die Ecke drängen zu lassen oder auf vordergründige Versuchungen hereinzufallen. Sie wissen, was Sie wollen, unabhängig von der Lage, in der Sie sich zufällig befinden.

Probleme sind Gelegenheiten zu zeigen, was man kann.

Duke Ellington

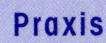

Praxis

Zu Ihrem authentischen Ich (zurück)finden

Schließen Sie die Augen und atmen Sie dreimal tief durch.
Nehmen Sie sich Zeit für sich selbst, ohne ein bestimmtes Ergebnis zu erwarten.

Lassen Sie sich treiben. Schalten Sie ab, verbannen Sie Sorgen und Zweifel.
Konzentrieren Sie sich auf die Gegenwart.

Spüren Sie Ihren Körper.

Öffnen Sie Ihre Sinne.

Erlauben Sie sich Tagträume und Phantasien.

Geben Sie Ihren Tagträumen und Phantasien eine Richtung.
Fragen Sie sich:

- Worüber freue ich mich wirklich?
- Was habe ich auf längere Sicht davon?
- Wovon träume ich, wenn ich offen für Wunder bin?
- Was wünsche ich mir, wenn ich ganz ehrlich bin?
- Was erfahre ich in meinen Phantasiegeschichten über meine Werte, Vorlieben und Ziele?
- Wo liegen die Unterschiede zwischen meiner Phantasiewelt und meiner Realität?
- Welche Träume lassen sich sofort realisieren?
- Welche Wünsche lassen sich in der Zukunft erreichen?
- Wenn ich nicht alles haben kann, was möchte ich am liebsten erreichen? Was hat Priorität?

- Welche Hindernisse stellen sich in den Weg?

- Welche Konsequenzen würden sich daraus ergeben, wenn sich meine geheimsten Wünsche erfüllen würden?

- Lohnt es sich, meine Vorstellungen umzusetzen, oder ist der Preis zu hoch?

- Welche neuen Ziele ergeben sich aus den Phantasien und Tagträumen?

- Was müsste sich ändern, damit eine realistische Aussicht auf die Erfüllung meiner Wünsche besteht?

Kapitel 2

Konstruktiv mit schwierigen Gefühlen umgehen

Authentizität gedeiht nur in einer Kultur der Gefühle

Sie haben gelernt, dass das Berufsleben einen kühlen Kopf braucht und Sie sich Ihre Gefühlsausbrüche für zu Hause aufsparen sollten? Sie haben sich dazu erzogen, den Kopf sprechen zu lassen und nicht das Herz, zumindest nicht, wenn es um Erfolg und Karriere geht? Sie meinen, Gefühle seien eben Privatsache – etwas, was Sie im stillen Kämmerlein mit sich selbst ausmachen müssen? Mit einer solchen Haltung sind Frust, eine laufende Verringerung Ihrer Vitalität und Leistungsfähigkeit und schließlich sogar körperliche Probleme vorprogrammiert. Stehen Sie zu Ihren Gefühlen, auch wenn diese Gefühle nicht angenehm sind und als negativ bewertet werden. Das heißt nicht, dass Sie sich gehen lassen und Ihren Frust herausschreien sollten, wann immer Ihnen danach ist. Aber auch und gerade im Berufsleben bleibt es Ihnen nicht erspart, mit ein paar unangenehmen Emotionen konfrontiert zu werden, wenn Sie sich entschlossen haben, in Kontakt mit sich selbst zu bleiben.

Woran zeigt sich die Authentizität eines Menschen? Er steht zu seiner Einzigartigkeit und erkennt die Einzigartigkeit jedes anderen Menschen an. Das heißt nicht unbedingt, dass er damit einverstanden ist, wie ein anderer sich benimmt. Ganz und gar nicht. Das heißt auch nicht, dass er nicht selbst Besseres leisten könnte oder verdient hätte. Authentisch sein heißt realistisch sein. Nicht das, was sein könnte oder sein sollte, zählt, sondern das, was ist, und so, wie es ist. Auch unsere Gefühle sind da, ob wir wollen oder nicht.

Es gibt Gefühle, die sind reine Energiespender. Andere erweisen sich als Energieschlucker. Freude, Mut und Zuversicht geben uns einen Energieschub, während Frust, Hass und Groll uns niedermachen. Tatsächlich: Gefühle können Energie rauben. Das niederschmetternde Gefühl allein ist schon anstrengend auszuhalten, aber noch mehr Energie kostet es, dieses Gefühl aus Angst vor Schwächung nicht zuzulassen, d.h. es zu meiden, es nicht auftauchen und hochkommen zu lassen, es niederzudrücken, es von sich fern zu halten.

> **Dasein ist köstlich, man muss nur den Mut haben, sein eigenes Leben zu führen.**
>
> *Peter Rosegger*

Jedem Gefühl entspricht ein körperlicher Zustand, der subjektiv erfahren wird. Es gibt keine objektiven Gefühle – jeder erfährt sie anders. Die Begriffe, die wir ihnen zuordnen, sind kulturell verschieden und abhängig von dem Zusammenhang, in dem wir Gefühle gelernt haben bzw. gelernt haben, einem bestimmten körperlichen Zustand einen bestimmten Begriff, der diesen Zustand beschreibt, zuzuordnen. Diese Beschreibungen drücken oft Vorurteile aus, die auf diese Weise aufrechterhalten werden. Wenn ein Mann ins Büro stürmt, viel Wind macht und alles aufwirbelt, zollt man ihm Anerkennung: Mann, ist der dynamisch! Da ist immer was los! Wenn jedoch eine Frau ihre Stimme über die übliche Lautstärke erhebt und erkennen lässt, wie nahe ihr das Thema geht, wird schnell geurteilt: »Die wird immer so emotional« und dem Verhalten das Etikett »hysterisches Überreagieren« verpasst.

Aber wie auch immer die Namen sind, die wir für unsere Gefühle gelernt haben, eine fühlbare Tatsache ist, dass manche Gefühle wiederum uns in die Lage versetzen, dass wir »Bäume ausreißen« wollen, und solchermaßen ermuntert fassen wir uns wieder ein Herz, kriegen wieder Wind in die Segel, finden den alten verlorenen Mut oder fassen neuen. Tatsächlich können Sie sich jederzeit, gleich jetzt mittels Ihrer Vorstellung in eine Gefühlslage versetzen, die Freude, Mut oder Zuversicht fühlen lässt, und sogleich wird Sie ein Strom von Energie durchfluten und allein die Erinnerung an bessere Zeiten und die bildhafte Vergegenwärtigung wird Ihnen einen Schub an Kraft und Aufschwung geben. (Wie das gehen kann, zeigt z.B. die Übung »Die Kraft in Gang setzen« auf Seite 99.) Gefühle zeigen uns auf unserer inneren Landkarte den aktuellen Standort an. Gefühle sind wie ein Barometer, das unsere Stimmungshochs und Stimmungstiefs misst. Wettervorhersagen sind möglich – wir können aber auch den Stimmungswechsel selbst und ganz bewusst herbeiführen, indem wir das Klima unseres Innenlebens bestimmen. Um uns authentisch fühlen zu können, brauchen wir eine Orientierung, eine Leitlinie, nach der wir die inneren Landschaften der Gefühle durchwandern und zielbewusst einen bestimmten Weg einschlagen, statt uns unbewusst treiben zu lassen. Auch im Beruf entwickeln wir Gefühle. Je mehr wir sie zulassen, ohne sie auszuagieren, desto besser finden wir uns zurecht – auch und vor allem im Beruf. Gefühle sind unsere wichtigsten Wegweiser auf der Suche nach uns selbst.

> Ziel des Lebens ist Selbstentwicklung. Das eigene Wesen völig zur Entfaltung zu bringen, das ist unsere Bestimmung.
>
> *Oscar Wilde*

Nehmen Sie auch die kleinen Verstimmungen, nicht nur die großen Gefühle (kurz vor dem Ausbruch) wahr.

Gefühle **spüren**, ohne sie **auszuagieren**

Gefühle sind Stimmungsmelder und haben die Aufgabe eines Frühwarnsystems. Irgendetwas ist im Busch, aber was? Und wie sollen wir darauf reagieren? Welches ist die klügste Antwort? (Meist fällt sie uns später, im Bett vorm Einschlafen, ein.) Und oft ärgern wir uns, so »emotional« geworden zu sein und »überreagiert« zu haben.

1. Finden Sie heraus, welche körperlichen Zustände darauf hinweisen, dass die Gefühle Sie beherrschen, so dass Sie rein gefühlsmäßig, »blind« reagieren möchten und nur noch Rot (oder eine andere Farbe) sehen. Bei manchen ist es Herzklopfen, bei anderen Schweißausbruch. Der einen drückt es auf den Magen, der Atem geht schneller oder aber er wird flach, als wolle man sich vom Erdboden verschlucken lassen; die Muskeln verspannen sich, Verspannung im Kopf macht Kopfweh. Manche Menschen ballen die Hände sogar zu Fäusten. Alles das sind Signale: ALARM. Hier stimmt etwas nicht oder weicht von der Regel ab. Die Emotionen machen mobil. Es geht los. Die Gefühlsreaktion ist schon körperlich vorbereitet.

2. Finden Sie heraus, wie Sie Ihrem Organismus und Ihrem Unterbewusstsein zu verstehen geben: DANKE, HABE VERSTANDEN. ICH KÜMMERE MICH DARUM. Sie können sich jetzt abregen, statt die Aufregung hochzufahren. Finden Sie eine kleine körperliche

Geste, die Sie wie in einem Ritual ausführen, wenn es wieder einmal soweit ist. Wenn der Atem flach ist, können Sie tief und langsam durchatmen. Wenn Sie die Fäuste ballen, entspannen Sie diese. Wenn Sie sich aufgeplustert haben, lassen Sie erst mal wieder Dampf aus dem Brustkasten. Wenn Sie Rot sehen und Hitze spüren, können Sie sich ein kühlendes Türkis vorstellen. Sagen Sie STOPP und holen Sie sich auf den Boden herunter, indem Sie z.B. durch ein unmerkliches Herabsinken der Hände und Arme den emotionalen Pegel runterfahren (Sie können sich vorstellen, wie Sie den Schalter bedienen und den Regler verschieben).

3. Zeigen Sie Interesse für Ihre Gefühlsreaktionen, statt sie wegzustecken. Sagen Sie sich vielleicht halblaut: SEHR INTERESSANT! Anerkennen Sie Gefühle als einen wichtigen Teil Ihrer selbst. Erkennen Sie die Chance, zu sich selbst (zurück) zu finden, sich selbst zu spüren, lebendig zu sein. Nehmen Sie eine interessierte, aber nicht involvierte Haltung ein. Am besten eignet sich liebevoller Humor. Betrachten Sie sich selbst von außen – steigen Sie kurz aus aus der Emotionsachterbahn.

4. Steigen Sie ein in ein »vernünftiges« Verhalten, über das Sie sich später nicht ärgern müssen. Beginnen Sie damit, dass Sie sich einen kurzen Aufschub herausnehmen. Sagen Sie sich: GLEICH GEHT'S WEITER. Machen Sie eine Pause, eine Zäsur. Setzen Sie Kommas, unterbrechen Sie den Strom. Sammeln Sie sich. Was wollten Sie gleich wieder sagen? Überlegen Sie sich, worauf es Ihnen jetzt ankommt.

5. Wenn Sie gerade im Gespräch mit jemandem sind, konzentrieren Sie sich auf das, worum es Ihnen im Wesentlichen geht. MACHEN SIE EINEN PUNKT. Achten Sie darauf, dass Ihre Sätze zu Ende geführt werden und auch die Stimme Ihrem Gegenüber signalisiert: Ich komme zur Sache. Ihr Körper sollte jetzt zu einem Ausdruck der Selbstbestimmung und Entschlossenheit finden, statt den Eindruck von Auflösung und Chaos zu vermitteln. Auch wenn

Sie nicht weiterwissen, knüpfen Sie an das Selbstvertrauen in Ihnen an, das Ihnen sagt: Ich habe auch in der Vergangenheit solche Augenblicke gemeistert und werde in Zukunft damit umgehen können. Denken Sie an später.

6. Relativieren Sie Ihre Gefühlsreaktion. Sagen Sie sich: NACH
   DIESEM AUGENBLICK KOMMT DER NÄCHSTE. (Und damit die
   Chance, sich es anders zu überlegen und nicht im Affekt zu han-
   deln.)

7. Wenn Sie charakterlich zum emotionalen Überreagieren neigen
   (oder dies für einen wesentlichen Charakterzug halten), setzen
   Sie sich mit den Vor- und Nachteilen auseinander und entscheiden sich gegebenenfalls für eine Verhaltensänderung. Wenn Sie
   sich einmal dazu entschlossen haben, sind Sie offen für Verhaltensalternativen, die Sie im stillen Kämmerlein (oder zusammen
   mit Ihrem Coach) durchspielen können. MEISTERN SIE DIE
   SHOW.

Das chinesische Zeichen für »Krise« ist zusammengesetzt aus den
Zeichen für »Gefahr« und »Chance«.

Was tun, wenn
»Angst essen Seele auf«?

Angst ist eines der unangenehmsten Gefühle und auch die älteste unter allen Emotionen, eine unwillkürliche Reaktion, die nur mit sehr
viel Selbstkontrolle zu unterdrücken, mit sehr viel Selbstdisziplin zu
verbergen ist. Seit jeher haben Menschen, besonders Männer, sich
darin geübt, sich von der Angst nicht unterkriegen zu lassen. Das hat
dazu geführt, dass der Angst kein ihr gemäßer Platz gegeben wird
und wir oft ihren tieferen Sinn verkennen.

Angst taucht auch im Zusammenhang mit beruflichen Aufgaben
und Herausforderungen immer wieder auf. Sie versteckt sich dabei

oft hinter anderen Stimmungsschwankungen. Begegnen wir ihr jedoch hinter den vordergründigen Gefühlsformen, können wir unseren Energiehaushalt direkt und ganz konkret beeinflussen. Durch die beherzte Konfrontation mit den Ängsten, die sich hinter negativen, d.h. Energie raubenden Gefühlen verbergen, wächst der Mut zur Authentizität. Je mehr wir unsere berufsspezifischen Ängste kennen und angehen lernen, desto mehr Raum und Chance geben wir nicht nur uns selbst, sondern auch allen Menschen, mit denen wir zu tun haben, sie selbst zu sein, ohne sich verstellen zu müssen. Deshalb ist es von Nutzen, die Ängste nicht zu verbergen, sondern offen dazu zu stehen – auf jeden Fall vor sich selbst und möglichst auch gegenüber anderen Personen, denen Sie vertrauen – und Alternativen in Betracht zu ziehen.

Ich habe Angst, dass ich meiner neuen Aufgabe nicht gewachsen bin. Das kann ich doch nicht zugeben?!?

▶ Selbst alte Hasen am Theater geben zu, dass sie vor jeder Aufführung Lampenfieber gehabt hätten und sie dann besonders schlecht spielten, wenn sie sich zu sicher waren oder sich auf ihre Routine verließen.

▶ Es gehört Mut dazu, Angst zu haben und sich das auch einzugestehen. Mit jemand anderem darüber zu sprechen, wirkt erleichternd. Solange Sie der Person vertrauen, ist es egal, wer das ist.

▶ Es gibt allerdings eine Art, sich zur Angst (öffentlich) zu bekennen, die eher schwächt, statt stärkt, nämlich dann, wenn die Angst sich als Dauerzustand im Bewusstsein einnistet. Auch körperlich sollte Angst ein Prozess sein, der durch die Gefahren hindurch geht, z.B. als erhöhte Wachheit, Vorsicht und Geistesgegenwart.

> ❯ Geben Sie Ihrem Bodymind den Auftrag, sich in den Zustand zu versetzen, der nach der Angst kommt – Entspannung und Gelassenheit –, und betrachten Sie die Aufgabe, der Sie mit der Zeit gewachsen sein werden, von dieser positiven Zukunftsperspektive aus. Sogleich wandelt sich Ihr Selbstbild und damit auch Ihre Ausstrahlung. Möglicherweise gibt es dann schon keinen Grund mehr, etwas zuzugeben, was bereits überholt ist.

In angemessener Sprache über Gefühle reden

Über Gefühle zu sprechen ist auf mehreren Ebenen hilfreich. Zuerst einmal erleichtert es. Oft wird uns in dem Moment, in dem wir ein Gefühl benennen, erst wirklich klar, wie es uns gerade geht. Ein Gefühl auszudrücken hilft uns, einen Schritt zurückzutreten und zu sehen, was gerade passiert und wie wir reagieren wollen. Bei starken Gefühlen bietet der Austausch darüber ein Ventil. Zudem ist es ein elementares menschliches Bedürfnis, in unserem Erleben gesehen zu werden. Doch das ist noch nicht alles: Wenn wir offen ausdrücken, wie es uns geht, was wir empfinden, was wir wollen und was wir nicht wollen, steigt auch die Chance, dass wir das bekommen, was wir möchten, und dass sich ändern kann, was wir nicht mögen. »Eine Menge Leute haben Angst zu sagen, was sie möchten. So bekommen sie auch nicht, was sie möchten«, hat Madonna einmal treffend formuliert.

Seine Gefühle offen auszudrücken ist in unserer Gesellschaft jedoch nicht unbedingt üblich – in der Geschäftswelt schon gleich gar nicht. Das Gesicht zu wahren steht auf der Prioritätenliste oft weit oben. Das heißt deshalb aber nicht, dass man nicht sagen kann, wie man sich fühlt – gut ist es jedoch, den richtigen Jargon zu wählen.

Wenn Sie zur Geschäftsleitung gehen und sagen: »Ich habe Angst, dass mir meine Aufgabe über den Kopf wächst«, werden Sie (und Ihr Arbeitgeber) sich vermutlich unwohl damit fühlen. Es gibt jedoch eine Art Geschäftssprache, mit der sich der gleiche Sachverhalt etwas sicherer verpacken lässt, z.B. auf die folgende, eher distanzierte Weise: »Ich mache mir Gedanken, wie das Arbeitsvolumen am besten zu bewältigen ist«, oder auch etwas persönlicher: »Ich mache mir Sorgen, ob ich es schaffen werde, den geplanten Abgabetermin einzuhalten.« Beide Varianten ermöglichen es, Ihre Sorgen anzusprechen und dann gemeinsam über eine Lösung nachzudenken. Womit Sie sich wohler fühlen, ist von vielen Umständen abhängig: Ihrem Betriebsklima, wie heikel das Thema für Sie ist, Ihrer Beziehung zu Ihrem Gegenüber ...

Hier einige Übersetzungsideen für Gefühle und wie man sie in Geschäftssprache von eher distanziert bis eher persönlich ausdrücken kann:	
Ich habe Angst.	Ich mache mir Gedanken/bin besorgt.
Ich bin erschrocken/schockiert.	Ich bin irritiert/überrascht.
Ich bin stinksauer.	Ich bin verwundert/irritiert/verärgert.
Ich bin verletzt.	Ich bin überrascht/enttäuscht.
Ich bin enttäuscht.	Ich bin überrascht/frustriert.
Ich bin angenervt.	Ich bin ungeduldig/frustriert.
Ich fühle mich überfordert.	Ich bin gestresst/fühle mich unter Druck.
Ich bin mutlos/misstrauisch.	Ich bin zögerlich/skeptisch.

Mit ein bisschen Mut, die persönlichere Variante auszuprobieren, spüren viele Frauen nach einiger Zeit weniger von der (meist unbegründeten) Sorge, sich eine Blöße zu geben, und mehr eine auch körperlich spürbare Erleichterung, die sich einstellt, wenn wir unsere Gefühlen offen ausdrücken.

Tipp

Tipps im Umgang mit Ängsten

- Angst ist menschlich.
- Bedenken Sie, dass Sie mit Ihren Ängsten nicht allein sind.
- Ängste sind wichtige Signale. Je mehr Sie sich mit Ängsten auseinander setzen, desto mehr erfahren Sie nicht nur über sich selbst, sondern auch über Ihr Umfeld und die Menschen um Sie herum. Ängste sind wie feinnervige, übersensible Spürhunde – sie bringen Sie auf die Spur dessen, was für Sie wirklich wichtig ist. So können Sie nicht nur passiv reagieren, sondern aktiv vorausdenken und planen, wie Sie sich in Zukunft am besten verhalten werden. Auf diese Weise machen Sie sich selbst Mut und schaffen sich eine gute Basis für Ihr Selbstbewusstsein.

Erkennen Sie Ihre
persönlichen Energieschlucker

Wer schwierige Gefühle zu lange nicht beachtet, manövriert sich damit selbst in ein Energieloch. Plötzlich fühlen Sie sich ganz leer und ausgelaugt. Sie fragen sich, wo Ihre Energie geblieben ist. Oder befinden Sie sich schon länger in einem energielosen Zustand? Zeit, diesen

Zuständen Einhalt zu gebieten und etwas zu unternehmen, damit die Energie wieder zurückkehrt und Ihnen zur Verfügung steht!

Wenn Sie also erkennen, dass Sie (wieder einmal) einem Energieschlucker zum Opfer gefallen sind, lassen Sie es nicht dabei, sondern tun Sie etwas, um aus dem Loch oder der Sackgasse wieder herauszukommen. Steigen Sie aus. Drehen Sie um. Tun Sie es rechtzeitig, bevor Ihnen die Energie auch dazu fehlt.

Hier die sieben Energiesünden, denen wir am meisten zum Opfer fallen:

1. Sie sind total erschöpft? Ausgebrannt, ausgelaugt, gelähmt, taub, gleichgültig, abgestorben? Alles ist Ihnen einerlei, wurst, egal? Sie haben das Gefühl, in der Falle zu sitzen, nicht aus noch ein zu können, nichts tun zu können oder zu wollen? Sie fühlen sich öde, leer, total passiv, bewegungslos, wie unter Schock oder Drogen, fremdbestimmt, unbeweglich und unempfindlich, unfähig und untätig? Sie sind wie versteinert, nichts kommt an Sie heran, berührt Sie, bewegt Sie? Sie haben zu nichts Lust, nichts kann Sie reizen? Sie haben aufgegeben? Sind im Zustand der Resignation? Erkennen Sie diese Schiene wieder? Ist das nicht die Tram mit der Endstation HOFFNUNGSLOSIGKEIT? Steigen Sie aus. Oder besser noch, steigen Sie gar nicht erst ein. Lassen Sie es nicht so weit kommen, am Ende zu sein. Sagen Sie sich innerlich ganz laut und fest STOPP!

2. Sie fühlen sich betrogen, ausgenutzt, manipuliert, lächerlich gemacht, gegängelt, gekränkt, getäuscht, gedemütigt, beleidigt? Sie möchten sich in eine Ecke verkriechen, unsichtbar werden, Sie wünschten, der Boden täte sich unter Ihnen auf? Sie fühlen sich verlassen, verletzt, verleumdet? Es ist Ihnen zum Heulen, Sie könnten jetzt zu weinen beginnen und nie mehr aufhören? Sie sind unglücklich, fühlen sich verwundet, wund? Erkennen Sie diese Ecke wieder? Ist das nicht das traute Heim ZUM WUNDEN-

LECKEN? Stimmt, es tut weh. Sie haben ein Recht auf eine Aus-Zeit. Aber bleiben Sie da nicht stecken. Zeigen Sie sich, gehen Sie aus. Drehen Sie den Spieß um. Denken Sie sich: JETZT ERST RECHT. Unternehmen Sie etwas, was der Heilung dient und nicht der Rache. Sagen Sie sich innerlich ganz laut und fest STOPP!

3. Sie fühlen sich in die Enge getrieben, mit dem Rücken an der Wand, ohne Ausweg, ohnmächtig, in die Knie gezwungen? Die Knie werden Ihnen weich, Sie sind entsetzt, etwas schnürt Ihnen die Luft ab, Sie verlieren die Kontrolle, Sie ringen um Fassung, alles schwimmt Ihnen davon, Sie verlieren die Übersicht, die Möglichkeit, selbst zu entscheiden und zu handeln? Sie fühlen sich konfus, schreckhaft und unsicher, Sie sind zutiefst verunsichert, wie unter einem Bann? Sie fühlen sich überfordert, überwältigt? Genau, das ist das Loch, in dem Sie festsitzen. Erkennen Sie es wieder? Ist das nicht das Drama mit bösem Ende, genannt PANIK? Sie wissen, wohin das führt: nirgendwohin. Kommen Sie raus aus Ihrer Tunnelvision, schauen Sie sich um, was die Welt sonst noch zu bieten hat. Sagen Sie sich innerlich ganz laut und fest STOPP!

4. Sie haben das Gefühl, etwas an Ihnen ist total falsch oder als hätten Sie etwas absolut falsch gemacht? Sie fühlen sich daneben, verlegen, schuldig, beschämt, zerknirscht, verstoßen, nicht gewollt, abgewehrt, als ungenügend bewertet, als Versagerin? Sie möchten es wieder gutmachen und wissen nicht wie? Sie sind von Selbstzweifeln zerfressen, von Selbstbeschuldigungen mürbe geworden? Erkennen Sie diese Masche wieder? Ist das nicht das Büßerhemd mit der Aufschrift ALLES MEINE SCHULD? Bedenken Sie: Alles ist relativ. Und wechseln Sie die Wäsche, raus aus Sack und Asche, rein in das neue Kostüm, das Sie sich neulich für bessere Zeiten zugelegt haben. Jetzt ist die Zeit gekommen. Sagen Sie sich innerlich ganz laut und fest STOPP!

5. Sie haben das Gefühl, etwas, was Sie unbedingt brauchen, auf das Sie total angewiesen sind, ohne das Sie keine Freude oder Liebe erleben können, liegt außerhalb Ihrer selbst und Sie sind ständig auf der Suche danach? Sie fühlen sich süchtig, sehnsüchtig oder eifersüchtig, süchtig nach Liebe, nach Macht, nach Einfluss? Ohne Anerkennung von außen wären Sie ein Nichts, Ihr Leben Ihnen nichts wert – als würde manchmal etwas Sie antreiben und hetzen, unter Druck setzen, Sie besinnungslos wüten lassen, ehrgeizig, unersättlich und maßlos besitzgierig, trotzig, stur, zwanghaft oder zügellos arbeitswütig Ihre eigenen Grenzen und die anderer Menschen übertreten lassen? Erkennen Sie Ihre Maßlosigkeit wieder? Sie sind einfach unersättlich. Am liebsten würden Sie sich ein Schild um den Hals hängen: ICH BIN SÜCHTIG! Tun Sie das nicht. Es reicht, dass Sie wissen, dass das kein gutes Ende nimmt bzw. überhaupt kein Ende hat. Wollen Sie denn endlos so weitermachen? Sagen Sie sich innerlich ganz laut und fest STOPP!

6. Sie könnten die Wände hochgehen? Sie könnten aus der Haut fahren? Sie platzen gleich? Gleich drehen Sie durch? Sie sind auf Hundertachtzig? Alles bringt Sie auf die Palme? In einem Strudel trudelnd, provokativ, destruktiv, hasserfüllt? Sie fühlen sich hässlich? Böse, giftig, gallig, bitter, voller Rache und Ressentiment? Frustriert, verärgert, total sauer? Kennen Sie dieses Theater? Sie wissen doch schon im ersten Akt, wie das Stück mit dem Titel ÄRGER UND WUT ausgehen wird. Warum schauen Sie dann bis zum Ende zu, wie Sie sich verrennen, sich und andere unglücklich machen, wertvolles Porzellan zerdeppern oder andere irreparable Schäden verursachen? Drehen Sie dem Theater einfach den Rücken zu und sagen Sie sich innerlich ganz laut und fest HEUTE NICHT!

7. Sie geben sich souverän, aber Sie wirken arrogant. Man wirft Ihnen vor, Sie seien eingebildet, Sie fühlen sich wichtig und beharren darauf, sich selbst die Nächste und Erste zu sein, Ihr eigenes

Interesse voranzustellen und Ihren Egoismus zu pflegen. Sie neigen zur Selbstüberschätzung, fordern Beachtung und Achtung, ohne bereit zu sein, diese anderen zukommen zu lassen. Sie geben sich eigenwillig, eigensinnig und halten es für nicht notwendig, einmal auch von sich selbst abzusehen. Sie fühlen sich als Nabel der Welt. Erkennen Sie diese UNSYMPATHISCHE ROLLE, die zu spielen Sie sich verpflichtet fühlen? Sagen Sie sich ein und für allemal: NEIN DANKE!

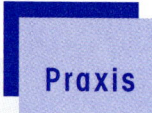

Praxis

Das Herz ausschütten

Manchmal hilft es, sein Herz auszuschütten. Doch im Beruf ist meist nicht der richtige Ort dafür gegeben, es findet sich keine Zeit und bietet sich keine Gelegenheit; auch die Anwesenden, mit denen Sie beruflich zu tun haben, sollen vielleicht nicht von Ihren innersten Nöten erfahren. Hier ist eine Übung, die Sie zwischendurch am Arbeitsplatz machen können. Sie sieht wie eine stinknormale, unverfängliche Entspannungsübung aus, aber sie kann Sie davor bewahren, sich in einen wirklich negativen Gefühlszustand hineinzukatapultieren. Sie hilft auch, Gefühlsstaus aufzulösen, sich von seelischem Ballast zu befreien und wieder in Fluss zu kommen.

● Nehmen Sie eine Hand mit dem Handteller nach oben zeigend in die andere Hand, indem sie sie an den geschlossenen Fingern fassen.

● Nun biegen Sie die Finger sanft nach unten, so dass sich eine maximale Dehnung der Hand ergibt.

● Stellen Sie sich vor, wie entlang einer Linie, die vom Herzen direkt in die gedehnte Hand führt, sich Ihr Herz ausschütten kann und alles, was Sie belastet oder bedrückt, sich von selbst »entsorgt«.

- Verweilen Sie in der Dehnung, während Sie gleichmäßig und tief weiteratmen.

- Lassen Sie den ganzen Körper von dieser Dehnung profitieren, indem sich beim Einatmen Ihr Körper mit einer nährenden Substanz, einer sattmachenden, gesättigten Fülle auflädt.

- Überdehnen Sie nicht, erzwingen Sie nichts. Lassen Sie auf das tiefe Einatmen ein Ausatmen folgen, das Sie mit einem Geräusch (einem Aufseufzen oder lustvollem Stöhnen) verbinden. Stellen Sie sich bildlich vor, wie die negativen Gefühle mit dem Atem ausgeschwemmt werden und Ihren Organismus verlassen.

- Beenden Sie die Übung mit einem entschiedenen Ausatmen und spüren Sie kurz nach, welche Wirkung Sie erzielt haben, bevor Sie die andere Hand »in Angriff nehmen«.

- Füllen Sie das Vakuum, das durch das Ausfließen der negativen Gefühle entstanden ist, mit der Nährsubstanz auf und genießen Sie den Zustand der »Erfüllung«.

Wir können nicht verhindern,
dass die Vögel der Sorge über unseren Köpfen kreisen.
Doch es liegt an uns zu entscheiden, ob sie Nester bauen dürfen.

Arabisches Sprichwort

Selbsttest zur **Bewältigung** von **Ängsten** und Stressauslösern

Welche Angst wollen Sie konkret angehen und bewältigen? Worüber machen Sie sich Sorgen, wann fühlen Sie sich ängstlich und unwohl? Gehen Sie nun die Liste der Energiefresser durch. Erkennen Sie das eine oder andere Muster in Ihrem eigenen Verhalten? Entscheiden Sie sich für einen der Stressauslöser und/oder einen der Energieschlucker und gehen Sie mit Hilfe des Fragebogens Ihre Angst an, um sich künftig selbstsicherer und damit authentischer fühlen zu können. Entwickeln Sie ein Selbstbewusstsein, das auf überwundenen Ängsten aufbaut.

In welcher Situation kommen Sie am ehesten in Kontakt mit dieser Angst?

_____

_____

_____

Was genau tun Sie oder was genau passiert, kurz bevor die Angst Sie überfällt? (Was ist der Auslöser?)

_____

_____

_____

Welche Möglichkeiten haben Sie, anders auf den Auslöser zu reagieren? (Notieren Sie mehrere Möglichkeiten, so verrückt oder phantastisch sie auch erscheinen.)

_____

_____

_____

Welche von den Möglichkeiten ist die beste? (Stellen Sie sich jeweils die Konsequenzen vor und entscheiden Sie dann aufgrund der Auswirkungen Ihres Verhaltens.)

Lassen Sie in Ihrer Vorstellung die Szene ablaufen. Was wird das nächste Mal geschehen? Wie werden Sie das Angst auslösende Problem diesmal angehen? Was genau macht den Unterschied in Ihrem Verhalten aus?

_____

_____

_____

Wann werden Sie voraussichtlich diesen Unterschied machen? Wann wird die nächste Gelegenheit sein?

_____

_____

_____

Nach dem entscheidenden Ereignis (Testlauf): Sind Sie zufrieden, wie es gelaufen ist? (Sie können den Testlauf auch in Ihrer Vorstellung machen.) Wenn nicht, was genau ist falsch gelaufen?

_____

_____

_____

Beantworten Sie erneut diese Fragen und finden Sie heraus, was genau die nächsten Schritte in Ihrem Vorgehen sind. Wo fehlt es? Was brauchen Sie noch?

Machen Sie sich ein Bild davon, wie es wäre, diese Fähigkeiten schon verwirklicht zu haben. Finden Sie eine Metapher oder ein Symbol dafür, um die Kraft, die Sie brauchen, im richtigen Augenblick zur Verfügung zu haben. Durchlaufen Sie den Testlauf in Ihrer Vorstellung noch einmal und nehmen Sie diesmal alle Kräfte zusammen, wenden Sie Ihre Fähigkeiten an und lassen Sie Ihre kühnsten Phantasien wahr werden. Ausgestattet mit diesem Wissen, dass die Angst überwindbar ist, machen Sie sich erneut ans Werk.

Sind Sie zufrieden? Wenn nicht, geben Sie nicht auf, sondern betrachten Sie die Angst auslösende Situation als eine Chance, über sich selbst hinauszuwachsen. Was fehlt Ihnen dazu? Was brauchen Sie dafür? Mobilisieren Sie alle Ressourcen in Ihrer Vorstellung und lassen Sie innere Bilder der Kraft und der Ermutigung entstehen.

Tipp

Das hilft bei der Stressbewältigung

- Die Alarmphase verkürzen, wenn man Angst vor etwas hat.

- Die Angst direkt angehen und das Problem zu lösen versuchen. Je länger man die Lösung vor sich herschiebt oder die Angst nicht wahrhaben will, desto größer wird die Angst und desto stärker reagiert das Nervensystem.

- Für das Gehirn ist es völlig gleichgültig, ob die Angst berechtigt und »real« ist oder nicht, ob es sich um »objektive Fakten« oder subjektive Wahrnehmungen, um Tatsachen oder Vorstellungen handelt. Daher die Situation, die Angst macht, mental durchspielen, bis das Gehirn gelernt hat, damit fertig zu werden. Dann kann der Spaß beim Spiel sogar in Lust übergehen.

- Sich nicht freiwillig Situationen aussetzen, die einen überfordern (überfordern und herausfordern ist nicht dasselbe!).

- Die Bandbreite der eigenen Kompetenzen spielerisch erweitern: das Leben lernen, Herausforderungen annehmen, Chancen ergreifen, Gewohnheiten durchbrechen.

- Mentale Ressourcen aktivieren: aufbauende Gefühle verstärken und pflegen.

- Mentale Energieschlucker vermeiden, niederschmetternde und erschöpfende Gefühle beobachten, sich nicht davon beherrschen und besetzen lassen.

- Rechtzeitig gegen die Panik angehen, bevor die Angst sich verselbständigt.

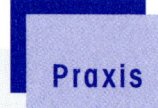

Unterstützung für Ihr Nervenkostüm:
Der Schutzmantel der gesättigten Fülle

Diese Übung ist am besten während des Gehens (siehe auch Kraftgang, Seite 99) zu machen, da Arme, Hände und Finger bis in die Fingerspitzen warm und durchblutet sind.

● Lassen Sie die Arme entspannt neben sich schwingen, die Hände öffnen sich, sind entspannt offen, Sie spüren, wie Ihre Vitalität bis in die Fingerspitzen dringt.

● Stellen Sie sich zwei Linien vor, die gleichzeitig vom Herzen über die beiden Schultergelenke, Oberarme, Ellbogengelenke, Unterarme, Handgelenke in die Hände, in den Handteller und von dort aus in jeden einzelnen Finger dringt, bis in die Fingerspitzen. Lassen Sie diese Linien in einem sanften, warm leuchtenden Rosa pulsieren, als wollte sich der glänzende Schein über die Körpergrenzen ausbreiten.

● Konzentrieren Sie sich auf Ihre Handteller, während Sie in Ihrem Schwung und Tempo weitergehen und weiter tief atmen, einatmen, ausatmen, einatmen, ausatmen ...

● Vom Handteller aus lassen Sie nun eine leichte Anspannung durch die Finger bis in die Fingerspitzen dringen, steigern Sie die Spannung, bis der Handteller und die einzelnen Finger ganz angespannt und ganz durchgestreckt sind.

● Stellen Sie sich bildlich vor, wie die Anspannung aus Ihren Händen und Fingern Schlittenkufen werden lässt. Wenn Sie nun noch die Handteller vom Körper abspreizen und das Handgelenk im rechten Winkel vom Arm aufstellen, ergeben sich die sanft gebogenen Rundungen. Stellen Sie sich vor, wie der Schlitten auf seinen Kufen vorwärts gleitet, mühelos, nur von der Kraft Ihres Atems angetrieben.

● Kommen Sie aus dem Gehen ins Stehen, in den Stand. Lassen Sie die Hände kurz nach unten sinken, entspannen, um sie dann gleich wieder anzuheben und mit abgewinkelter Hand und gedehnter, abgespreizter Handfläche vor sich einen Raum abzugrenzen.

● So weit wie Ihre Hände reichen, reicht Ihr Schutzraum, den Sie ganz mit Ihrem Atem, Ihrer Vitalität, Ihrer Entschlossenheit ausfüllen.

● Stellen Sie sich vor, wie Sie sich selbst in einen Zustand der Erfüllung versetzen, indem Sie Ihren Raum mit einem Schimmern ausfüllen: Das ist Ihre Nährsubstanz, aus der Sie Kraft und Unterstützung holen.

● Das ist Ihr Schutz, eine Energie, die Sie jetzt in Form eines Mantels über sich und um sich legen, so dass Sie darin jederzeit Zuflucht finden, wenn Sie diese brauchen.

Was tun bei **Ärger** und **Kränkungen**?

Sie fragen freundlich, wie die Projektpräsentation beim Kunden letzte Woche gelaufen ist. Ihr Kollege von der anderen Abteilung raunzt zurück: »Seit wann interessierst du dich denn dafür, was bei uns läuft?« Was wäre Ihre übliche Reaktion in einer solchen Situation? Würden Sie sich denken: »Du blöder Idiot!« und eingeschnappt antworten: »Meine Güte, war doch bloß 'ne Frage!«? Vermutlich würden Sie sich ärgern und das Verhältnis zum Kollegen ist schlechter als vorher, obwohl Sie doch eigentlich nett sein wollten. Vielleicht gibt dann noch ein Wort das andere und der schönste Streit entsteht.

Wie wäre es, einmal einen anderen Weg zu gehen? Die ganze Situation weniger persönlich zu nehmen und zu überlegen: Was wollte ich eigentlich und was ist dann passiert, dass ich mich geärgert habe? Oft ärgert man sich, weil ein Bedürfnis nicht erfüllt wird. Aber woher sollen die anderen wissen, was man eigentlich wollte und als Verhalten vom anderen erwartet hätte? Verborgene Bedürfnisse, Interessen, Wünsche, Ängste, Erwartungen und Ansprüche sind Auslöser für potentielle Konflikte. Wissen Sie denn selbst, was Ihre Motivation für die Frage nach der Präsentation war? Vielleicht wollten Sie Interesse signalisieren und für dieses Interesse auch eine Form von Anerkennung bekommen. Sie hätten sich vermutlich gut gefühlt, hätte Ihr Kollege geantwortet: »Ach, nett, dass du fragst! Also die Präsentation lief so ...«

Worüber genau ärgern Sie sich? Welche Grenze hat der Kollege bei Ihnen überschritten? Was ist es ganz konkret, was Sie wütend macht? Sind Sie verletzt und wenn ja, was hat die Verletzung herbeigeführt? Vielleicht gab es da eine alte Wunde, die wieder aufgerissen wurde.

Nun könnte man sich auch noch fragen, warum der Kollege so patzig reagiert hat. Könnte es sein, dass er sich schon zu anderen Zeiten eine Nachfrage gewünscht und nicht bekommen hat? Wenn jemand angreift oder in die Defensive geht, steht häufig auch eine Grenzverletzung dahinter. Der Kollege will mit seiner Reaktion vielleicht signalisieren: »Das geht dich nichts an. Bleib von meinem Futternapf bzw. Arbeitsbereich weg!« Er fühlte sich möglicherweise territorial bedroht.

Hier geht es nicht darum, dass Frauen immer für alles Verständnis haben müssen – sei es für das eigene Verhalten oder das der anderen. Doch sobald Sie verstehen, was die eigentlichen Gefühle sind, verändern sich Energiefresser schnell in Energiespender. Wenn Sie einen Schritt von der Situation zurücktreten, sich die eigenen, authentischen Gefühle in der Situation eingestehen, haben Sie viel mehr Handlungsspielraum als mit den üblichen gekränkten Automatismen.

Woran Sie potentielle Konfliktherde erkennen

Diese Liste von Symptomen bezieht sich sowohl auf das Verhalten anderer Menschen als auf Ihr eigenes.

1. Ablehnung und Widerstand (mürrische Antworten, ständiges Widersprechen, dicht machen, mauern)
2. Offene und verdeckte Feindseligkeit (verletzende Redewendungen bis hin zu Beleidigungen, grobe Sprache, Schimpfworte, Unhöflichkeit, schlechte Manieren)
3. Sturheit (etwas partout nicht einsehen wollen, Rechthaberei, an Vorschriften kleben, das Wort im Munde umdrehen)
4. Fluchtverhalten (Kontakt/Blickkontakt vermeiden, ausweichen, sich reserviert, unzugänglich und wortkarg geben, sich bedeckt halten, schweigen)
5. Überkonformität (keine eigenen Ideen und Meinungen einbringen, Kritik vermeiden, korrekt, aber glatt und undurchschaubar sein)
6. Desinteresse (innerlich abschalten und das nach außen kaum verbergen, sich zurückziehen, wenig Energie und Lust aufbringen, mechanisch mitmachen, ohne innere Beteiligung)
7. Formalität (genaues Einhalten der Etikette, distanzierte Freundlichkeit, sich nicht in die Karten schauen lassen, Pokerface)

Erkennen Sie etwas wieder? Haben Sie sich auch schon öfter gefragt, was das Verhalten bedeuten soll? Auf alle Fälle ist hier erhöhte Wachsamkeit geboten. Das Verhalten signalisiert: Hier ist etwas im Busch! Ihr Organismus reagiert mit Stress, wenn das Verhalten vom Gegenüber kommt. Wenn Sie selbst sich so verhalten, deutet es darauf hin, dass Sie in einem Konflikt stehen, der Ihnen möglicherweise noch gar nicht bewusst ist. Prüfen Sie, ob das Verhalten nur in bestimmten Situationen auftaucht und wenn ja, in welchen? Wer ist in solchen Situationen beteiligt? Gibt es bestimmte Personen, die das problematische Verhalten bei Ihnen auslösen?

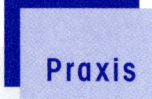

Positionen und Perspektiven nachvollziehen lernen

Wählen Sie für diese Übung eine Person aus, die im beruflichen Kontext bei Ihnen ein problematisches Verhalten auslöst (s.o.). Unabhängig von Ihrem Rang in der Hierarchie wird diese Person zum Du und Gegenüber; in der »Du-Position« nimmt sie einen ganz bestimmten Standpunkt ein und hat von dort aus eine ganz bestimmte Perspektive »im Auge«. In der Ich-Position sind Sie mit Ihren eigenen Ansichten, Meinungen, Perspektiven, aber auch Tendenzen, die Ihnen selbst nicht bewusst sind, nämlich mit Ihren Bedürfnissen, Interessen, Wünschen, Ängsten, Erwartungen und Ansprüchen konfrontiert.

Die Kunst ist nun, von der eigenen Perspektive (mit all diesen Bedürfnissen, Interessen, Wünschen, Ängsten ...) ein Stück weit abzurücken, den eigenen Standpunkt zu verlassen und sich in die Lage des anderen zu versetzen. Ebenfalls ist es hilfreich, einen übergeordneten Standpunkt einzunehmen, der beide Positionen des Du und Ich überblickt. Vielleicht lässt sich aus dieser Position heraus ein gemeinsames Ziel entdecken, z.B. ein besseres Arbeitsklima. Diese Übung können Sie für sich allein machen. Sie können sie in Ihrer Vorstellung durchspielen oder ganz real drei Stühle aufstellen und sich abwechselnd auf diese Stühle setzen. Vor allem aus dem »Beobachterstuhl«, der beide Stühle, den des Ich und den des Du, im Auge hat, lässt sich manchmal erkennen, was da eigentlich abläuft. Das können Konkurrenz- und Machtspiele sein, die wir schon aus dem Kindergarten und der Grundschule kennen und die wir nun als Erwachsene zugunsten eines lohnenderen Ziels aufgeben können. In diesem Falle sollten Sie sich überlegen, was Ihr Gegenüber dazu bewegen könnte, auf das lohnendere Ziel, z.B. den Erfolg·in einem gemeinsam durchgezogenen Projekt, umzusteigen. Sie können sich auch überlegen, was Sie dazu motivieren würde, gemeinsam weiterzumachen, und welche Bedingungen Sie stellen müssten, um authentisch zu bleiben und trotzdem gemeinsam erfolgreich zu werden.

Oft liegen auch Missverständnisse vor, die sich in einer Aussprache klären lassen. Diese Missverständnisse ergeben sich aus der (falschen) Deutung von Bedürfnissen, Interessen, Wünschen, Ängsten, Erwartungen und Ansprüchen. Alle reden um den heißen Brei herum und niemand kommt damit klar. Das kann sich ändern, wenn jemand bereit ist, den ersten Schritt zu tun und offenzulegen, was stört, unklar ist oder die Stimmung drückt. Bevor Sie aber den direkten Kontakt zum entsprechenden Du aufsuchen, sollten Sie vielleicht eine dritte Person als neutralen, aber wohlwollenden Beobachter (z.B. eine Kollegin oder einen Coach) einschalten, um mit seiner Hilfe die Sache erst einmal von außen, mit Abstand, im größeren Zusammenhang und ohne emotionale Beteiligung zu sehen.

Checkliste der Fragen, die Sie für sich und später zusammen mit der Beobachter- und Begleitperson durchgehen könnten:

1. Welche Bedürfnisse, Interessen, Wünsche, Ängste, Erwartungen und Ansprüche haben Sie in der Ich-Position? Wie fühlen sich diese an? Gibt es körperliche Zustände, die dazu passen? Gibt es Situationen, in denen sie besonders deutlich werden? Wann verschwinden sie oder werden unwichtig? Was könnte helfen, die Lage zu bessern? (Argumentieren Sie nicht, sondern veranschaulichen Sie Ihre Lage, die Ausgangsposition und die Perspektive, die sich daraus ergibt, z.B. für Ihre Zukunft: »Wenn das so weitergeht ...«.)

2. Nun versetzen Sie sich in die Lage des Du und fragen Sie sich: Welche Bedürfnisse, Interessen, Wünsche, Ängste, Erwartungen und Ansprüche hat dieser Mensch wohl in seiner Position und im Verhältnis zu Ihnen? Wie fühlen sich diese Gefühle an? Gibt es körperliche Zustände, die dazu passen könnten? Gibt es Verhaltensweisen bei Ihnen, die diese Gefühle besonders auslösen könnten?

3. Gehen Sie nun aus diesem Beziehungsraum heraus und werden Sie zu einem unbeteiligten Beobachter, z.B. einem Besucher, der zufällig vorbeikommt, oder zu einem Mäuschen oder einer Fliege an der Wand oder auch einer Topfpflanze. Fragen Sie sich aus dieser Position heraus: Was geht hier wohl ab? Was könnte eine positive Veränderung bewirken? Was wäre ein konstruktiver Rat, den man den beiden geben könnte?

4. Nun weihen Sie eine dritte Person in Ihre Beobachtungen ein und fragen sie, wie sie das Ganze sieht.

5. Fragen Sie sich: Mit allem, was Sie nun an sich, an dem anderen und an dem Ganzen wahrgenommen haben, was hat sich in Ihrer Einstellung verändert? Wie könnten die Veränderungen in Ihrer Einstellung sich tatsächlich auf das Verhältnis zum anderen und auf das Ganze auswirken? Welche Entscheidungen stehen an? Was werden Sie als Nächstes machen?

Kurzdurchlauf:

1. Um was geht es mir eigentlich?

2. Was veranlasst mein Gegenüber zu dem Verhalten?

3. Wie sieht die Beziehung von außen aus?

4. Welche Veränderungen könnten sich konstruktiv auf das Ganze (die Atmosphäre, den beruflichen Erfolg, mein Selbstgefühl) auswirken?

5. Was werde ich jetzt unternehmen?

Tipp

Ideen zum Umgang mit Ärger

- Ärger ist die Steigerung von »arg«. Werden Sie wachsam und hellhörig. Fragen Sie sich: Wo könnte etwas im Argen liegen?

- Trainieren Sie Ihre Wahrnehmung, mögliche Konfliktpunkte vorab zu entdecken, um sie im Vorfeld zu klären. Die beste Konfliktbewältigung ist die Vermeidung unnötiger (oder unnötig gewordener) Konflikte von Anfang an.

- Was spricht dagegen? Zum Beispiel ein Harmoniebedürfnis, das Sie für mögliche Konflikte blind macht.

- Nehmen Sie Ihr Bedürfnis nach innerem und äußerem Frieden ernst und prüfen Sie, ob Sie auch ohne Krieg das bekommen, was Sie wollen.

Ich bin in einem Kundengespräch und ärgere mich über meinen Gesprächspartner. Was mache ich jetzt, wenn ich zwar authentisch sein möchte, die Verhandlungen aber für beide Seiten zu einem guten Abschluss bringen will?

▶ Gehen Sie innerlich auf Abstand, als würden Sie einen kleinen Schritt nach hinten machen, lehnen Sie sich ein wenig zurück.

▶ Atmen Sie ruhig aus, zählen Sie bis drei.
Stellen Sie sich eine kühlende Farbe vor, z.B. Türkis, hüllen Sie sich darin ein.

▶ Setzen Sie neu an. Sprechen Sie erst, wenn Sie sich beruhigt haben, lassen Sie Ihre Stimme ihren vollen Klang entfalten.

▶ Stellen Sie über Ihre Stimme eine Verbindung zu Ihrem innersten Kern her und verändern Sie über Ihre Stimme die Stimmung im Raum.

▶ Könnten Sie den Grund für Ihren Ärger so formulieren, dass sich Ihr Gegenüber nicht angegriffen fühlt und eine Konfrontation entsteht? Wenn Sie ungeduldig werden, weil Ihr Gegenüber um den heißen Brei herumredet, könnten Sie z.B. sagen: »Ich merke, dass ich unruhig werde, weil ich nicht sehen kann, dass wir einer Lösung näher kommen. Ich möchte daher vorschlagen ...« Drücken Sie aus, wie Sie sich fühlen, ohne dem anderen daraus einen Vorwurf zu machen. Schließen Sie möglichst einen konstruktiven Vorschlag an.

▶ Sehen Sie sich selbst von außen wie in einem Film, wie Sie besonnen und souverän die Verhandlung zu Ende führen.

▶ Machen Sie sich innerlich eine Notiz, später genauer über den Grund Ihres Ärgers nachzudenken, um das Gefühl hinter der Emotion zu entdecken.

Michaela hat gerade als Trainee bei einem Fernsehsender angefangen und möchte gerne dort weitermachen, da ihr die Arbeit gefällt und die Kollegen angenehm sind. Einzige Ausnahme: Ihr direkter Vorgesetzter, der sie wie ein junges Ding behandelt, so scheint es ihr, herablassend, indem er sich zu jeder Gelegenheit erkundigt, ob sie klar käme, ob sie Hilfe bräuchte. Das ärgert sie, denn sie hat das Gefühl, sie macht ihre Sache sehr gut, arbeitet viel und konzentriert und weitaus mehr als die festen Angestellten, die lachend in den Biergarten gehen, wenn sie noch im Internet Recherchen zu Ende führt. Sie ist fleißig und hasst es, wenn man ihr ständig über die Schulter schaut und sie kontrolliert, denn das, so findet sie, hat sie nicht verdient.

Im Gespräch mit einer älteren Kollegin muss sie feststellen, dass sie einen Glaubenssatz in ihrem Unterbewusstsein verankert hat. Der besagt: Ich darf mich erst entspannen, wenn ich etwas geleistet habe. Und da Michaela von Haus aus eine Perfektionistin ist, kommt es eigentlich nie zu dieser wohlverdienten Entspannung, mit dem Resultat, dass sie unter einer chronischen Verspannung leidet – und diese auch sichtbar wird. Der Vorgesetzte macht sich Sorgen. (Das weiß die Kollegin, weil er wiederum mit ihr darüber gesprochen hat.) Er macht sich Sorgen, aber nicht darum, dass das Arbeitssoll nicht erledigt wird oder die Qualität der Arbeit leidet, sondern um Michaela, die ihm unterstellt ist. Schließlich soll er sie in einen Berufszweig einführen, der dafür bekannt ist, dass er gute Nerven verlangt. Wohin soll das führen, denkt er sich, und deshalb fragt er nach, aber in einer Art und Weise, die Ärger auslöst, statt hilfreich zu sein. Michaela fühlt sich »auf die Finger geklopft«, wenn er ihr »unter die Arme greifen« oder sie »an die Hand nehmen« möchte. Er kommt ihr damit zu nahe, erkennt Michaela, während sie mit der Kollegin spricht. Nach dem Gespräch fühlt sie sich viel besser, weil sie nun weiß, was ihren Ärger auslöst. Sie beschließt, selbst etwas gegen ihre Verspannungen zu unternehmen. Sie bucht einen Kurs in Autogenem Training und wird ihre Schlafstörungen ebenso wie ihre Magenverstimmungen von heute an ernst nehmen. Vielleicht gibt es auch ein Entstressungsprogramm, das sie im Beruf anwenden kann – sie wird sich erkundigen. Ach so, da ist ja noch das Nägelkauen. Daran wird sie als Erstes merken, dass es aufwärts geht.

Wie aber kann Michaela ihrem Chef signalisieren, dass seine berechtigte und aufmerksame Sorge um sie auf ungeschickte Weise ankommt? Vermutlich reicht es schon, wenn sie ihm zeigt, dass sie den Grund für seine Sorge verstanden hat und dass sie etwas Konkretes unternimmt, um Druck abzubauen. Wenn sich das Verhältnis zwischen beiden entspannt und Michaela ihrem Chef dann noch konstruktives Feedback darüber geben kann, warum sie seine Nachfragen zu Anfang in den falschen Hals bekommen hat, hat er auch die Chance, etwas über Kommunikationsstrukturen und sein Umgehen damit zu lernen. Vielleicht kann er dann in einer ähnlichen Situation das nächste Mal das Thema direkter ansprechen und so den Eindruck vermeiden, er wolle kontrollieren oder wäre misstrauisch.

Was tun, wenn **Frust**, **Null-Bock**-Stimmung und **Sauwut** sich melden?

Selbstdisziplin ist wieder gefragt. Sie haben richtig gelesen! Nicht zu verwechseln mit Duckmäusertum und Zu-Kreuze-Kriechen, Sich-klein-Machen, Kleinbeigeben, Maulhalten. Obwohl den Mund zu halten manchmal eine recht intelligente Zwischenlösung ist. Oder eine Nacht darüber schlafen, bevor der wütende Beschwerdebrief im Postkasten und damit auf dem Tisch der Personalabteilung landet. Selbstdisziplin verbietet, sich auch in Zeiten von Frust und Null-Bock-Stimmung hängen zu lassen, sich aufzugeben und nichts mehr dazu zu tun, dass die Dinge besser werden.

Und wie verträgt sich Selbstkontrolle mit Authentizität? Gewiss, es ist ein Fortschritt, dass Menschen nicht mehr ganz so steif und zugeknöpft durch die Welt gehen, wie dies unsere viktorianischen Ururgroßmütter und -väter getan haben. Bloß sich nichts anmerken lassen, hieß es da. Schön unterdrücken, was nicht ins Modellbild des braven Bürgers passt. Die Zeiten sind vorbei. Was nicht heißt, dass die Menschen mit gelockerter Moral auch innerlich lockerer, lässiger und vor allem freier oder bewusster geworden sind. Denn: Bewusstheit ergibt sich nur durch bewusste Auseinandersetzung mit den eigenen Impulsen, Trieben, Sehnsüchten, Bedürfnissen, auch Ängsten – all dem Zeug, womit sich keiner so gern und meist auch nicht freiwillig befasst. Sie möchten nicht bedürftig wirken? Oder sich selbst gar ziemlich dürftig vorkommen? Da gibt es nur eins: Schauen Sie Ihren Bedürfnissen direkt in die Augen. Blinzeln gilt nicht. Und die Augen verschließen nützt nichts – die Bedürfnisse bleiben, ob Sie nun hinschauen oder nicht.

Wohin also mit den schnellen Reaktionen, den heftigen Impulsen, dem Drama der Emotionen, das Sie vielleicht bislang als Aushängeschild einer starken Persönlichkeit betrachtet haben? Verfolgen Sie die Impulse, Instinkte, Reaktionen bis zu ihrem Ursprung. Was war eigentlich die Quelle des Dramas? Ein Gefühl? Und noch davor? So ein blöder, undefinierbarer Zustand? War er körperlich zu spüren? Wie fühlte er sich an? Würden Sie ihn wiedererkennen? Und woran? Und was würden Sie nächstes Mal tun, damit es gar nicht zum Drama kommt?

Reagieren Sie sich ab, bevor Sie reagieren!

Tipp

Belegen Sie einen Kurs in Thai-Boxen oder kaufen Sie sich einen Punchingball, den Sie nach Belieben bearbeiten, bis die Wut verraucht ist. Squash ist bei berufsbedingtem Stress als Abreaktionsmittel auch sehr beliebt. Oder schlagen Sie auf die Trommel, dass die Fetzen fliegen und der fetzige Rhythmus Sie beschwingt. Bringen Sie sich in gute Stimmung, indem Sie etwas für Ihren Körper tun: in die Sauna gehen, ordentlich schwitzen, auf dem Rad strampeln, in der Disco abtanzen. Oder einfach ein paar Runden ums Haus bzw. Büro drehen. Überlegen Sie sich, wie Sie Dampf ablassen können. Körperliche Bewegung tut gut, aber manchmal reicht es sogar, aus dem Bürostuhl (z.B. nach einem Telefonat) aufzustehen und kurz im Zimmer auf und ab zu gehen. Hauptsache, Sie tun etwas, statt auf Ihrem Ärger sitzen zu bleiben.

Neue Energie auftanken

Praxis

Mit Ärger, Angst oder Stress umzugehen, kostet Energie. Sie fühlen sich zerschlagen, wissen nicht, wo Sie anfangen sollen, verlieren sich in Kleinkram und haben keine Übersicht mehr, verlieren den Mut, die Kraft, die Zuversicht. Laden Sie mit dieser Übung Ihre Batterien auf. Finden Sie neue Wege zum Selbstbewusstsein, indem Sie sich üben, Boden zu gewinnen und Wurzeln zu schlagen. Auch Wartezeiten können Sie dazu nutzen, um sich im Leben zu verwurzeln.

- Strecken Sie die Beine im Sitzen aus.

- Stellen Sie die Fersen auf.

- Spüren Sie den Druck der Fersen gegen den Boden und lassen Sie den Druck stärker werden, als wollten Sie sich wie ein störrischer Esel gegen den Boden stemmen.

- Spüren Sie nach, wie durch diese kleine Bewegung sich das Kreuz rundet und das Hohlkreuz ausstreicht.

- Lenken Sie den Atem dorthin, wo Sie die wohltuende Entspannung im Kreuz spüren. Atmen Sie tief ein, als wollten Sie das Kreuz mit neuer Kraft auffüllen.

- Lenken Sie den Atem in die Fersen, als wollten Sie die Fersen mit neuem Leben versorgen. Dehnen Sie dabei die Achillessehne und atmen Sie tief in die Dehnung hinein.

- Lassen Sie nun die Beine mit angewinkelten Fersen sich in die Höhe heben, bis die Knie durchgestreckt sind, und atmen Sie in die Dehnung hinein, als wollten Sie durch das Einatmen Sauerstoff in die Beine und Füße hineinpumpen.

- Dann lösen Sie die Dehnung auf, kommen wieder zum Sitzen und spüren im Sitzen nach, wie Füße, Beine und Kreuz besser durchblutet werden.

- Lenken Sie ihre Aufmerksamkeit auf die Fersen. Spüren Sie das Pulsieren der Fersen im Kontakt mit dem Boden? Wenn nicht, stellen Sie es sich einfach vor: Die Fersen sind kurz davor, Wurzeln zu schlagen.

- Mit jedem Ausatmen strömt Kraft in den Boden und lässt Sie sich dort verwurzeln. Der Atem fließt ruhig und gleichmäßig, die Verwurzelung macht Sie stark und ausgeglichen.

- Der Bauch ist warm und weich, er sammelt Kraft, besser standzuhalten. Legen Sie die Hände auf den Bauch und bewahren Sie sich diese Kraft.

Kapitel 3

Kraftvolle Ziele
von innen heraus
entwickeln

»Würdest du mir bitte sagen, wie ich von hier aus weitergehen soll?«,
fragte Alice im Wunderland die Katze.
»Das hängt zum großen Teil davon ab, wohin du möchtest«, sagte die Katze.
»Ach, wohin ist mir eigentlich gleich ...«, sagte Alice.
»Dann ist es auch egal, wie du weitergehst«, sagte die Katze.

Sonja leitet eine Bekleidungsabteilung in einem renommierten Kauf-
haus. Sie geht auf die Ende Dreißig zu und hat zwei Kinder, sie ist allein
erziehend. Ob das nicht furchtbar anstrengend sei? Ach, sagt Sonja,
manchmal hätte ich die Kraft, um Bäume auszureißen. Aber so ganz zufrieden ist sie nicht mit sich selbst und ihrer Situation, denn es kann ja
nicht ihr Ziel sein, Bäume auszureißen. Was sie sich für Ziele im Leben
setzt? Och, ich weiß nicht, was die Zukunft bringen wird, meint sie. Es
hat keinen Sinn, sich vorher groß einen Kopf zu machen. Gott sei Dank
hilft ihre Mutter, die Kleinen zu betreuen. Sie mag ihren Beruf. Da kommt
sie mit Leuten zusammen und raus aus dem Haus, wo ihr die Decke auf

den Kopf fällt. Aber dann, so erzählt sie, hätte sie doch Lust, mal woanders zu leben, auf dem Land, vielleicht eine Gärtnerei zu übernehmen, als Blumenbinderin arbeiten – sie schüttelt den Kopf. Das sind Träume. Und sicher würde mir nach einiger Zeit das auch nicht gefallen. Bleib ich doch dort, wo ich bin. Da kenne ich mich wenigstens aus. Ich liebe meine Gemütlichkeit. Aber ich brauche auch Bewegung, muss abtanzen, um die Spannung loszuwerden. Spannung? Ja, so eine allgemeine Spannung, ohne jeden Grund. Das ist wahrscheinlich der Druck, den ich mir selber mache, weiß nicht, woher der kommt. Ist doch alles eigentlich ganz easy. Na ja, aber dann auch wieder nicht. Wenn der Kleine zu schreien beginnt, dann fängt es bei mir auch an. Dann dreht sich mir alles, ich weiß nicht mehr, wo mir der Kopf steht. Wenn zu Hause nur eine Kleinigkeit nicht so läuft wie es soll, dann wird mir bewusst, wie sehr ich unter Druck stehe. Egal, wie viel Kraft ich auch habe, ich brauche etwas, woran ich mich orientieren, wofür ich arbeiten, wofür ich mich einsetzen kann. Sonst nützt mir meine Kraft nichts, sonst ersticke ich an ihr.

Um das Leben, das wir leben möchten, leben zu können, müssen wir wissen, was wir wollen. Keine Zeit für Tagträume und Lebensvisionen? Es zahlt sich aus, sich darüber Gedanken zu machen, denn ohne zu wissen, was wir wollen, geht es nicht weiter. Natürlich, das Leben geht weiter, und es bringt Gewohntes ebenso wie Überraschungen mit sich. Aber das, worauf es uns ankommt, bleibt größtenteils unrealisiert. Zu groß ist oft die Bequemlichkeit, wir überlassen das Schicksal einfach dem Zufall, um keine Entscheidungen treffen zu müssen, und zu klein ist die Chance, dass unter den Zufallstreffern einer genau ins Schwarze trifft und uns unsere tiefsten Wünsche erfüllt. Das wäre wie im Märchen. Und das Leben ist kein Märchen, das Happy End kommt nicht von selbst. Im realen Leben jedoch haben wir die Möglichkeit, unsere Erfolgsstory selbst zu schreiben. Und am Anfang stehen viele Fragen.

Wie wissen wir, was wir wollen? Wir denken es uns aus. Wir stellen uns etwas vor und fragen uns: Ist es das, was ich will? Nein? Dann denken wir uns etwas anderes und stellen uns diese Alternative vor? Das trifft auch nicht ganz, kommt aber den Wunschvorstellungen schon näher? Wir tasten uns weiter in unseren Vorstellungen, immer näher an unsere idealen Supervorstellungen, bis etwas in uns »Bingo!« schreit. Das wäre es dann, das Ideal. Was muss geschehen, um uns dem Ideal näher zu bringen? Wieder holen wir unsere Vorstellungskraft zu Hilfe und spielen in Tagträumen ganze Drehbücher durch. Dabei kommen uns vielleicht Ideen, die nicht direkt mit dem Drehbuch zu tun haben, aber uns weiterführen im Land der selbst gemachten Wunscherfüllungsräder. Durch unsere Phantasie schieben wir das Rad an und bald dreht es sich von selbst. Wir beginnen zu träumen: das heißt, ganz bewusst uns zurückzulehnen und mittels unserer Phantasie kleine Spaziergänge durch unser inneres Land der ungeahnten Möglichkeiten zu unternehmen. Und bald werden wir schlauer und bekommen sehr wohl eine Ahnung von dem, was drin ist und was nicht, was eine Möglichkeit wäre und was außerhalb unserer Möglichkeiten steht – zumindest für den Augenblick. Mit jedem Traum kommen wir unserem Optimum und einem begeisterten Erfolgsgefühl näher, sind jetzt schon ganz davon erfüllt und optimistisch, auch wenn es noch viel zu tun gibt.

> **Die Zukunft erkennt man nicht, man schafft sie.**
>
> *Stanislaw Brzozowski*

Der Fragebogen ab Seite 93 zu den Kraftzielen bietet einige Regeln für das erfolgversprechende Tagträumen an. Wir erlauben uns, einfach so zu tun, als ob wir die Chance hätten, nicht immer wie gewohnt weiterzumachen, sondern einen Punkt zu setzen und von da an unser Leben selbst zu bestimmen. Die wichtigste Regel ist: So tun als ob – aber gewusst wie. Wir träumen nicht einfach in den Tag hinein, sondern sehr konzentriert und zielgerichtet, mit dem Ergebnis, unsere Erfolgschancen wesentlich zu erhöhen.

Kraftvolle Ziele sind nicht einfach irgendwelche Ziele, die uns von außen vorgesetzt wurden und die wir erfüllen müssen. Das wären Pflichten, die wir erledigen müssen. Kraftvolle Ziele hingegen sind von innen her mit Kraft erfüllt. Mit welcher Kraft? Mit unserer ureigenen Kraft. Und woher soll die kommen? Jeder Mensch kennt Augenblicke, in denen er Bäume ausreißen könnte. Das ist die Kraft, die von innen kommt und sich in der Außenwelt Ziele sucht, um sinnvoll eingesetzt werden zu können. Wir können es auch Energie nennen. Wenn wir keine Energie haben, gibt es Möglichkeiten, unser Energieniveau zu erhöhen. Jedes Fitness-Programm hilft uns, wieder fit zu werden oder fit zu bleiben. Genau das heißt nämlich fit: erfüllt sein mit der Energie, die es in entsprechenden Situationen braucht, um sie erfolgreich zu meistern. In der Situation des Einschlafens brauche ich eine andere Energie als morgens, wenn ein volles Tagesprogramm auf mich wartet und ich alles auf die Reihe kriegen will. Wenn ich mich konzentrieren muss, brauche ich eine andere Energie, als wenn ich meine Kreativität anzapfen und auf zündende Ideen kommen will. In dem einen Fall geht es um Sammlung und Verdichtung und mein Körper braucht alle Kraft, um das Denken zu unterstützen und sich durch nichts ablenken zu lassen. Beim kreativen Sinnen hingegen soll die Energie ins Fließen kommen. Der Körper braucht dazu Bewegung – beim Spazierengehen fallen uns oft die besten Ideen ein, nicht am Schreibtisch. Doch die Voraussetzung für den Erfolg ist und bleibt Energie, die uns zur Verfügung steht, wenn wir sie brauchen.

Sonja fühlt sich voller Energie, wenn sie tanzen geht. Dann ist sie ganz sie selbst. Alles an ihr ist hundertprozentig echt. Sie fühlt sich total im Fluss. Wenn sie im Alltag auch so drauf wäre wie im Tanz, dann wäre das Leben um einiges leichter. Die Schritte würden sich von selbst ergeben und müssten nicht mühsam geplant und einzeln abgearbeitet werden. Sie hätte wieder Lust dabei, im Beruf ihr Bestes zu geben. Am Anfang war es ja so, aber dann, nach und nach, kamen die Stockungen und Staus in den alltäglichen Trott und gewannen schließlich die Oberhand, so dass jetzt nur noch selten die gute Laune herrscht, die sie von früher erinnert. Sie hat den Schwung verloren und findet nicht mehr die Gelegenheit oder die Motivation, einen neuen Anlauf zu nehmen. Aber die Erfahrung, die sie im Tanzen macht, gibt ihr den Kick, es doch einmal mit den Kraftzielen zu probieren. Sie stellt sich vor, dass sie die Kraft, die sie im Tanzen hat, auch im Alltag zur Verfügung hat und einsetzt, um ihren Zielen näher zu kommen. Kneifen gilt nicht. Sie weiß, dass sie eine Powerfrau ist und viel Energie hat, sie weiß es, weil sie es beim Tanzen jedes Mal wieder erlebt und sich darin bestätigt fühlt. Jetzt gilt es, dieselbe Kraft zu kanalisieren und wie in einem Kraftwerk zu verteilen.

Die fünf Faktoren kraftvoller Ziele

K – *Konkret müssen sie sein, damit die Vorstellung sich ein Bild machen kann.* Sinnlich erfassbar sollten sie auch sein, so dass die Vorstellung sich nicht nur auf Bilder und Gedanken stützen muss, sondern auch Geräuschkulissen und Musikeinlagen, Lieblingssongs und heiß machende Hits, anregende Gerüche, die die Erinnerung wecken, Düfte, die Sehnsüchte wachrufen, Geschmacksempfindungen, die den Mund wässrig werden lassen, also eine reiche Vielfalt sinnlicher Eindrücke zur Verfügung hat, um die kraftvollen Ziele so richtig ausschmücken zu können. Abstrakte Begriffe mögen ja gut und schön sein, wenn es um eine fachgebundene Abhandlung geht. Begriffe schaffen Klarheit. Aber konkrete Schilderungen von dem, was wir erreichen wollen, die veranschaulichen, worum es uns dabei eigentlich geht, die Qualität, die sich ergibt, teilt sich mit und wirkt motivierend. Eine Motivation, die konkret erlebt und auch konkret und anschaulich formuliert werden kann, wird verstärkt.

R – Realistisch müssen kraftvolle Ziele sein, denn das positive Ergebnis stellt sich nur bei einem realen Erfolg ein, und nur reale Ergebnisse bewirken, dass wir am Ball bleiben und weitermachen in unserer Erfolgsstory. Sobald wir merken, dass unsere Story keine Aussicht auf eine Realisierung hat, zieht sich etwas in uns zurück und dreht Däumchen, wartet auf bessere Zeiten. Oder lässt den inneren Kritiker zu Worte kommen. Der hat es ja von Anfang an gesagt, dass da nichts draus werden kann. Der Kritiker ist ein alter Pessimist und wartet nur darauf, das Haar in der Suppe zu entdecken. Auch wenn er den Erfolg im Sinn hat und Ziele verfolgt, so tut er dies doch auf eine Weise, die nicht aufbauend ist. Er formuliert seine Einwände negativ. Kraftvolle Ziele hingegen sollten positiv formuliert werden, um die Energie des Einsatzes nicht zu schwächen. »Nicht rauchen« klingt nicht so motivierend wie »Befreit durchatmen«. »Du brauchst dich nicht zu verstellen« macht nicht so viel Sinn wie »Du bist und bleibst du selbst und zwar Hundertprozent, was auch immer du tust«. Beides ist realistisch, doch das Bild »Hundertprozent« wirkt sich aufbauend aus, während die Vorstellung »Sich nicht verstellen zu müssen« gerade das heraufbeschwört, was nicht gewollt wird, nämlich das Körpergefühl, verlegen, verlogen, verdruckst oder verklemmt zu sein. Mit dem Körpergefühl kommt der innere, emotional bedingte Zustand und das entsprechende Szenario, das wir schon kennen. Plötzlich steht alles wieder vor Augen, nur ist es leider nicht das richtige Bild. Die kraftvollen Ziele rücken wieder in weite Ferne. Kraftvolle Ziele müssen, um realistisch zu sein, aus eigener Kraft erreichbar sein. Wenn es nicht von mir abhängt, ob ich ein Ziel erreichen kann oder nicht, bleibt mir nichts anderes als Wünschen, Warten, Träumen und Hoffen – eine Strategie, die meist nicht zum gewünschten Erfolg führt.

A – Attraktiv müssen Kraftziele sein, um die nötige Anziehungskraft zu mobilisieren. Wie wir alle aus eigener Erfahrung wissen, ist der Mensch ein Gewohnheitstier. Gewohnheiten haben eine unglaubliche Ausdauer und Zähigkeit, sie bleiben am Ball, auch wenn wir schon längst das Handtuch geschmissen haben. Kraftziele, die sich mit lieb gewonnen Gewohnheiten messen wollen, müssen diese also übertreffen, sei es an Ausdauer, sei es an Zähigkeit. Wie soll so etwas gehen? Ziele müssen zu so genannten Attraktoren werden. Wir können uns das so vorstellen: Wenn der Ball ins Rollen kommt, wird er wahrscheinlich dorthin rollen, wo es am tiefsten ist, und zwar aufgrund der Anziehungskraft, die von der Schwerkraft ausgeht. Lieb gewonnene Gewohnheiten stellen meist solche tief eingegrabenen Spuren bereit, wohin der Ball am ehesten rollt. Wenn aber aufgrund von Willens- und Vorstellungskraft neue Weichen gestellt und neue Spuren ausgehoben werden, dann entstehen aufgrund des Gefälles neue Wege, in die der Weg des Balles führen kann. Ein Attraktor ist wie eine Art Mulde, die sich in das Netz der Gewohnheiten eingräbt: Das nächste Mal könnte der Ball dorthin rollen und seine Weggewohnheiten ändern. Vorausgesetzt natürlich, dass solche Mulden vorbereitet wurden. Dann ist der Weg frei in eine neue Bahn, und diesmal wird es eine Glücksbahn sein. Unsere Vorstellungskraft kann uns dabei helfen, die Mulden auszuheben und vorzubereiten für die nächste Chance, die auf uns zukommt. Wir stellen uns vor, wie es sein wird, das Kraftziel erreicht zu haben. Wir versetzen uns schon jetzt in jene Triumph- und Festgefühle, die meist erst am Ende eines erfolgreichen Weges erlaubt sind. Wir setzen uns einfach darüber hinweg, dass jetzt noch nicht die Zeit des Feierns gekommen ist und bestimmen selbstherrlich: Je früher, desto besser. Und machen dadurch die Ziele noch attraktiver, als sie schon sind. Damit erhöhen sich wiederum die Chancen, wirklich einen Grund zum Feiern zu haben.

F – Fähigkeiten sind die Voraussetzung zum Erreichen von Zielen. Wir wissen das aus den Märchen, in denen alles auf den richtigen Einsatz von Fähigkeiten ankommt. In den Märchen sind es manchmal nicht die eigenen Fähigkeiten, sondern die der hilfreichen Tiere und Geister, aber auch im realen Leben können wir Verbündete finden, die uns befähigen, die Herausforderungen zu meistern. Fähigkeiten können erlernt werden. Wir können aber auch delegieren und uns helfen lassen. Ob es nun die eigenen oder fremde Fähigkeiten sind, die eingesetzt werden, ist nicht so wichtig wie dass sie zum Einsatz kommen, und zwar am richtigen Ort und zum richtigen Zeitpunkt. Alle Ausbildungen und Qualifikationen nützen nichts, wenn sie nicht umgesetzt werden. Und die richtige Hilfe anfordern kann zu einer der wichtigsten Fähigkeiten, die im Leben gebraucht werden, gehören.

T – Termine spielen bei Kraftzielen auch eine wichtige Rolle. Warum? Wie sollte man denn sonst wissen, dass etwas läuft wie geplant, wenn man nicht zu einem bestimmten Zeitpunkt nachsieht, wie es denn so läuft? Es könnte ewig so weiterlaufen, und es gäbe keine Kontrolle darüber, ob man sich auf dem richtigen Wege befindet. Termine sind also keine Schikane, sondern Prüfsteine, besser noch: Markierungen auf dem richtigen Weg. Es ist nun einmal so: Wir sind eingebunden in eine Struktur der Zeit, das Leben dauert nicht ewig an. Wer im Leben etwas bewirken will, muss für die gewünschten Veränderungen einen Zeitrahmen setzen. Nur so können wir erkennen, ob das Bild, das wir uns machen, auch stimmt. Der Rahmen bestimmt die Sicht: Der Rahmen setzt Grenzen und macht Kontrolle möglich, wo sonst ein Meer der Möglichkeiten uns im Unbestimmten umherirren ließe. Der Rahmen gibt auch Aufschluss darüber, ob die Sichtweise den Dingen, von denen wir uns ein Bild machen sollen, entspricht.

Ihre persönliche
Ziel-Checkliste

Setzen Sie sich selbst neue Ziele. Ziele, die aus Ihrem authentischen Kern kommen, aus Ihren Sehnsüchten und Träumen entstehen.

K Was konkret will ich erreichen?

_____

_____

Wann, wo und mit wem will ich es erreichen?

_____

_____

Woran werde ich erkennen, dass ich dieses Ziel erreicht habe?

_____

_____

Was sehe, höre, fühle ich, wenn ich mein Ziel erreicht habe?
(Auf die konkreten Details kommt es an.)

_____

_____

Was will ich tun? Nicht: Was will ich lassen, beenden, vermeiden? (Es geht um das Vorhandensein von etwas, nicht um den Mangel, es geht um die Ressource, nicht um das Defizit.)

R   Ist es realistisch, dieses Ziel zu erreichen?

Wie kann ich es eigenaktiv bewirken und beeinflussen, dass das Ziel erreicht wird? Was steht in meinem Einflussbereich?

A   Was ist mir wichtig daran, dieses Ziel zu erreichen?

Was wird sich dadurch verändern, wenn ich mein Ziel erreiche?

Welche positiven Auswirkungen hat dies?

_____

_____

Welchen Nutzen und Gewinn erhoffe ich mir dadurch?

_____

_____

F Welche Ressourcen (Fähigkeiten, Eigenschaften, Erfahrungen)
   stehen mir zur Verfügung, um mein Ziel zu erreichen?

_____

_____

Wie kann ich diese Ressourcen einsetzen?

_____

_____

Wer kann mich wie dabei unterstützen?

_____

_____

_____

T   Bis wann will ich mein Ziel erreichen? (Datum)

_____

_____

Was ist mein erster Schritt auf das Ziel zu?

_____

_____

Was genau müsste ich als nächsten Schritt tun?

_____

_____

Ich soll ein Team leiten mit einer Kollegin, die ich absolut nicht ausstehen kann. Wie kann ich in so einer Situation authentisch sein?

▶ Neutralität ist die Antwort. Neutralität erlaubt uns, in einen körperlichen Zustand zu gehen, der jenseits von persönlichen Sympathien oder Antipathien liegt.

▶ Neutralität ist ein geistiger Standort und ein körperlicher Zustand, auf den Sie sich zurückziehen können, wenn Sie einen Raum für sich brauchen. Einerseits, um den Kontakt zu sich selbst und zu ihren Gefühlen nicht zu verlieren. Andererseits, um sich zu ersparen, sich gleich auf eine endgültige (emotionale) Einschätzung festlegen zu müssen. Warten Sie es ab. Manchmal ergeben sich unvorhergesehene Dinge. Bleiben Sie bei sich selbst und vertrauen Sie dem Prozess.

▶ Oft kommt es während der gemeinsamen Arbeit zu einem näheren Kennenlernen, das Vorurteile abbaut und das ermöglicht, was anfangs unmöglich erschien.

▶ Gestehen Sie sich Ihre Gefühle ein – seien Sie in einem ruhigen Augenblick offen und ehrlich zu sich selbst. Was fühlen Sie, was denken Sie, was ist Ihr Ziel: die Kollegin betreffend, das Projekt betreffend, Ihre Ambitionen betreffend? Was ist Ihnen in dieser Situation wirklich wichtig? Eine Aussprache? Mit der Kollegin besser klarzukommen? Das Team gemeinsam erfolgreich zu leiten? Die Leitung alleine zu übernehmen? Karrierepunkte zu machen? Setzen Sie Prioritäten und gehen Sie entsprechend an das Projekt heran.

Sonjas erstes und vorrangiges Ziel war als Frage formuliert: Wie kann ich den unterschwelligen Druck aus meinem Berufsleben herausnehmen, ohne dass Effizienz und Erfolg darunter leiden? Schon seit längerer Zeit beobachtete sie, dass sie, entgegen ihrem gewohnten Selbstbild, sich geschwächt fühlte und ständig unter Müdigkeit litt – solange sie in ihrem Berufsfeld war. Kaum wechselte sie die Szene und tauchte in die Tanzszene ein, flossen ihr die gewohnten Kräfte und damit auch die alte Lust wieder zu. Sie hatte deshalb Schuldgefühle, denn sie konnte sich nicht erklären, warum der Job, der früher einmal Teil ihres Lebens gewesen war, nun zur leidigen Pflicht herabgesunken war. Natürlich versuchte sie immer noch, die Dinge gut zu erledigen, aber sie stellte fest, dass dies sie unverhältnismäßig viel Anstrengung kostete. Das Interesse war ihr abhanden gekommen. Sie war nur mit halber Flamme beteiligt, hielt die Stellung, wie sie es nannte, mehr nicht. Und dann erinnerte sie sich, dass auch die äußerlichen Rahmenbedingungen gewechselt hatten.

Der alte Chef, der sie eingestellt hatte, war pensioniert worden. Damals hatte sie unabhängiger agieren können, Reisen waren drin gewesen, viel Abwechslung und Herausforderung. Auch konnte sie ihre Zeit einteilen. Heute nicht. Nun sucht sie nach neuen Spielräumen. Allein die Vorstellung davon lässt ihre Augen glänzen. Aber was ist das Zielbild, das hinter ihren Wünschen steht? Manchmal scheint sie sich zu verlieren. Sie sieht sich selbst verloren irgendwo stehen: bestellt und nicht abgeholt. Sie müsste mehr danach schauen, dass Vereinbarungen eingehalten werden. Jemand soll da sein und alles zu Protokoll nehmen, was passiert, damit sie nicht den Überblick verliert. Sie möchte sich nicht mehr so viel bieten lassen, übergangen werden. Da soll jemand sein, der das wahrnimmt und reagiert. Und wer könnte besser geeignet dafür sein als sie selbst? Darum geht es ihr: Sie braucht eine innere Zeugin. Jemand, der für sie aussagt, der sich notfalls auch für sie einsetzt. Und dann möchte *sie* sich mehr einsetzen, mehr tun. Sie sieht sich sicheren Schrittes in dem langen Gang, der ihren Arbeitsbereich mit den anderen Abteilungen verbindet, gehen, fast laufen, sie ist unterwegs, sitzt nicht fest, sie sieht sich selbst in einer beschwingten Bewegung und mit guter Laune. Was könnte das für eine Situation sein, in der sie so reagiert, statt sauertöpfisch am Schreibtisch zu sitzen und auf die voll beladene Fläche zu starren, die Post von einem Stapel auf den anderen umzuarrangieren? Sie stellt sich vor: Sie hat gerade einen Anruf bekommen, in dem sie gebeten wurde, sich etwas für eine Betriebsfeier einfallen zu lassen, und die Aussicht darauf, selbst etwas gestalten zu können, erfüllt sie mit Energie. Sie eilt den Gang entlang, um die Kollegin von der Spielwarenabteilung zu fragen, was sie davon hält, einen kleinen Sketch aufzuführen. Das Spielerische tut ihr gut, endlich muss nicht alles so bierernst sein, da sieht doch das Leben gleich ganz anders aus.

Träume sind aus Wünschen gewebt.

Brasilianisches Sprichwort

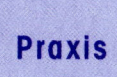

Praxis

Die Kraft in Gang setzen

Das nächste Mal, wenn Sie spazieren gehen, wenn Sie in der richtigen Stimmung dafür sind und die richtigen Schuhe dazu anhaben, nehmen Sie sich vor: Jetzt werde ich mal meine Kraft in Gang setzen! Gehen Sie dabei nach folgenden Punkten vor, um einen Kaltstart zu vermeiden.

1. Während Sie im Gehen sind und ohne anzuhalten, fassen Sie den Entschluss: Kraft in Gang setzen!
2. Gehen Sie im selben Tempo weiter, aber atmen Sie dabei kräftig und lang aus, um alle Schlacken aus dem Organismus herauszuatmen, loszulassen. Fassen Sie den Entschluss: Fort damit!
3. Gehen Sie ausatmend weiter und lassen Sie sich von Ihrem Atem tragen. Vielleicht beschleunigt sich Ihr Gehtempo jetzt, als würden Sie von einer kraftvollen Strömung erfasst. Vielleicht wollen Sie auch Ihren Gang verlangsamen, um mehr Intensität im Gehen und im Körper zu erleben. Fassen Sie den Entschluss: Schluss mit dem Nachdenken und Vorsorgen! Hinein in die Gegenwart!
4. Gehen Sie weiter und öffnen Sie alle Ihre Sinne. Atmen Sie tief ein, um Sauerstoff aufzunehmen und Ihren Organismus zu beleben. Fassen Sie den Entschluss: Ich bin bereit für Neues!
5. Nun sind Sie bereit, die Arme locker schwingen zu lassen. Achten Sie darauf, dass sie gegengleich schwingen, also der rechte Fuß zusammen mit dem linken Arm nach vorne kommt. Spüren Sie, wie die Energie in einer diagonalen Bewegung quer durch Ihren ganzen Körper strömt, von oben nach unten und unten nach oben, von rechts nach links und links nach rechts, genießen Sie, wie Sie kreuz und quer und durch und durch von neuer Zuversicht erfüllt werden. Fassen Sie den Entschluss: Nur Mut! Und spüren Sie, wie Sie diesen Entschluss gleich körperlich umsetzen können.

6. Jetzt sind Sie so weit, sich noch mehr für die Kraft zu öffnen und Entschlossenheit zu zeigen (zunächst nur sich selbst oder anderen Spaziergängern, die unterwegs sind). Sie haben den besten Rahmen dafür gewählt, Entschlossenheit zu üben. Keiner wird auf die Idee kommen, dass es Ihnen um Authentizität oder beruflichen Erfolg geht – man wird meinen, Sie gehören einfach zu jenen sportlichen Frauen, die nicht schlaff dahinschlendern und -schlurfen, sondern ein eigenes Tempo vorlegen, zielgerichtet und entschlossen. Fassen Sie den Entschluss: Von jetzt an gehöre ich dazu! Ich bin dabei!

7. Mit jedem Schritt, den Sie machen, bekräftigen Sie Ihren Entschluss und stoßen sich geschmeidig mit der ganzen Fußsohle ab, statt zu stöckeln, zu staksen oder zu trippeln. Ihre Schuhe erlauben, Ihre Ferse jetzt fest auf dem Boden aufzusetzen, das ganze Gewicht des Körpers zu übernehmen und Sie mit einem Schwung vorwärts zu bringen, so dass Sie wie von selbst vorwärts kommen, statt rudernd und hampelnd sich abkämpfen zu müssen. Lassen Sie Ihr Gewicht für Sie arbeiten! Setzen Sie es ein für das, was Ihnen wichtig ist, statt es als Last mit sich herumzutragen. Fassen Sie den Entschluss: Ich lasse mich nicht (ab)hängen! Jetzt komme ich (in Schwung)!

8. Nun lenken Sie Ihre Aufmerksamkeit auf Ihre Körpermitte. Stellen Sie sich vor, wie all Ihre Kraft sich dort sammelt und bündelt, um mit jedem Schritt auszugreifen, sich Raum zu nehmen, Fortschritte zu machen und von hinten Rückendeckung zu erhalten. Spüren Sie in Ihren Rücken, machen Sie ihn lang (statt durch ein Hohlkreuz die Rückenmuskeln anzuspannen und dadurch zu verkürzen). Stellen Sie sich vor, wie der Rücken bereit ist, all die Rückendeckung aufzunehmen, die er bekommt. Je mehr Sie bereit sind, sich bewegen, unterstützen und tragen zu lassen, desto mehr Kraft fließt Ihnen zu. Geben Sie sich selbst Rückendeckung, indem Sie ohne Rückhalt den Entschluss fassen: Gerne lasse ich mir helfen und nehme Unterstützung an!

9. Zuletzt lenken Sie Ihre Aufmerksamkeit auf Arme, Hände, Finger, bis in die Fingerspitzen. Wie weit geht Ihre Energie und greift vor Ihnen hinein in den Raum? Wie viel Raum nehmen Sie sich? Wie viel Raum trauen Sie sich zu? Lassen Sie die Ellbogen Kraft entwickeln, aber eine ganz andere Kraft als die Ellbogenkraft, die andere wegstößt. Es ist eine weiche Kraft, die locker und spielerisch auch anderen Raum lässt, ohne selbst zurückstehen zu müssen. Erleben Sie Konkurrenz als ein fairen Wettlauf, stellen Sie sich vor, neben Ihnen würde jemand laufen und Sie liebevoll dazu anstacheln, Ihr Bestes zu geben, all Ihre Kraft einzusetzen und umzusetzen. Fassen Sie den Entschluss: Ich bringe meine Kraft ins Spiel, mit Hand und Fuß, mit Leib und Seele! Ich spiele mit!

10. Lassen Sie mit jedem Schritt Kraft in die vorschwingenden Hände fließen. Die Hände sind zu lockeren Fäusten geformt, die Daumen bleiben draußen, die Hände schließen sich nicht, sondern bleiben offen, als wollten sie die Energie wie einen Ball aus Luft umschließen, ohne die Luft rauszulassen. Stoßweise atmen Sie mit jedem Schritt aus und stellen sich vor, wie Ihr Ausatmen Sie in den Raum hineinträgt, Stoß für Stoß, Schritt für Schritt. Sie fassen den Entschluss, sich einen langen Atem zuzulegen, und sagen sich: So leicht geht mir die Luft nicht aus!

Diese Gangart bringt Sie vielleicht ins Schwitzen. Daran merken Sie, dass der Organismus reagiert. Ihr inneres Feuer hat sich entzündet. Es wird Ihnen heiß. Lassen Sie auf diese Übung ein entspanntes Gehen folgen, bei dem Sie im Wechsel tief ein- und ausatmen. Dehnen und recken Sie sich, heben Sie die Arme dabei, schütteln Sie sich danach aus. Falls Sie mal keine Gelegenheit für diese sportliche Betätigung erhalten sollten, reicht es auch, die einzelnen Schritte in der Vorstellung durchzugehen und die Entschlüsse sich vor Augen zu führen, sich vorzustellen, wie diese Ihr Verhalten beeinflussen und wie es Ihnen gelingt, mit spielerischem Krafteinsatz Ihre Ziele zu erreichen.

Bodyfeedback: Wie viel Anteil der **Körper** an inneren Prozessen hat

Körper und Geist beeinflussen sich gegenseitig. Schon Charly Brown gibt in seinen Comics Anweisungen zu Body-Mind-Coaching, um sich – in seinem Fall – möglichst schlecht zu fühlen: »Wenn du deprimiert bist, ist es ungeheuer wichtig, eine ganz bestimmte Haltung einzunehmen. Das Verkehrteste, was du tun kannst, ist aufrecht und mit erhobenem Kopf dazustehen, weil du dich dann sofort besser fühlst. Wenn du also etwas von deiner Niedergeschlagenheit haben willst, musst du so dastehen ...«, erklärt er Peppermint Patty und lässt dabei den Kopf vornüberhängen und die Schultern nach unten sacken.

Wie stark der Einfluss des Körpers auf Gehirn und Psyche ist, ist mittlerweile auch wissenschaftlich nachweisbar. In Bodyfeedback-Untersuchungen kann gemessen werden, dass das Gehirn über Gesichtsausdruck, Körperhaltung und bestimmte Bewegungen positiv-offene oder aber negativ-abwehrende Signale erhält. Wird dem Gehirn gemeldet, dass Sie gerade stirnrunzelnd am Schreibtisch sitzen, so macht es sich auf eine anstrengende, unangenehme Aufgabe gefasst. Selbst ein mechanisches Lächeln signalisiert eine positive Aufgabe, die leichter von der Hand geht. Deshalb hat auch ein powervoller Körpereinsatz wie der Kraftgang so viel energetisierende Wirkung auf Ihr ganzes Wesen.

Sonja strebt nach mehr Gegenwart, nach mehr Präsenz, auch und vor allem im Beruf. Im Tanz kennt sie das: Sie ist ganz da, hier und jetzt. Sie kennt den Zustand, wenn alle Kräfte und Fähigkeiten in ihr zusammenarbeiten, nicht gegeneinander. Im Tanz gibt es keine Kritikerstimmen, die sie von dem, was sie gerade tut, abzuhalten versuchen, sie zur Vorsicht ermahnen, Schuldgefühle einjagen, Sorgengedanken einflüstern. Was macht sie im Tanz richtig, was sie im Berufsalltag nicht einhalten kann?

Sie stellt sich vor, sie könnte die Bedingungen in ihrem Alltag neu bestimmen. Was wäre anders? Sicher würde sie sich mehr mit ihren
Kolleginnen austauschen. Jetzt hat sie es aufgegeben, jede von ihnen
hat so wenig Zeit und will das Wenige an Zeit nicht auch noch durch
Gedanken über die Berufssituation verlieren. Nach Arbeitsende
strebt jede nach Hause. Jede ist mit sich allein. Sie könnte wieder ein
Treffen organisieren. Sie hat das schon einmal gemacht und es war
sehr anregend gewesen. Aber dann hatte doch der ganz normale Zeitdruck sich zurückgemeldet und der innere Kritiker soufliert: Warum sollst du die Atmosphäre zu retten versuchen? Als hättest du
nicht genug zu tun! Und die Männer, was sollen die denken, wenn
du dich so aus dem Fenster hängst, wichtig nimmst, dich aufspielst.
Wer bist du schon? Frauen sind immer noch zweitrangig, haben
nichts zu sagen. Hysterische Ziege. Wen interessieren schon deine
Gefühle? Privates in den Beruf hineinmischen, das ist unprofessio-
nell. Kann ja sein, dass es sich nur um eine private Sinnkrise handelt.
Das geht niemanden an. Demnächst wird Sonja 38. Meldet sich Tor-
schlusspanik? Geht es anderen Frauen auch so? Sind das die Vorboten der Midlifecrisis? Sie fühlt sich nicht so alt. Und wohin mit der
überschüssigen Kraft? Sie meint, sie habe noch einiges vom Leben zu
erwarten. Das Zielbild entwickelt sich nicht von einem Augenblick
zum anderen. Zu tief sitzen alte Ängste und Vorurteile. Was werden
die anderen denken? Wie werden sie reagieren?

Aber nach und nach zeichnet sich für Sonja mittels etwas in ihrer
Vorstellung ab, das sie motiviert und anzieht, etwas, wofür es sich
lohnt, sich darauf zu beziehen und es jetzt schon für etwas Wirkliches zu halten. Sie kann es fühlen, nicht nur sich ausdenken. Von
hinten fühlt sie sich sowohl gehalten und beschützt. Etwas stärkt ihr
den Rücken. Von vorne winkt ihr etwas zu und bedeutet ihr, darauf
zuzugehen. Die Kraft schiebt von hinten an, motiviert sie. In Verbindung mit dieser Kraft hat sie keine Angst, etwas zu tun, was sie von
sich selbst entfernt. Die Kraft geht durch sie hindurch und kann in

ihre berufliche Tätigkeit einfließen. Es geht nicht darum, die herrschende Situation auszuhalten, sondern kreativ etwas zum Ausdruck zu bringen, was in ihr ist und sich zeigen möchte. Das ist ihr Zielbild, das wirklich attraktiv ist. Zu ihrer Überraschung ist es nicht das höhere Gehalt oder mehr Freizeit. Sie möchte unter Menschen sein, etwas zusammen unternehmen, der berufliche Rahmen hilft ihr dabei, statt sie davon abzuhalten. Sie entwirft einen Vorschlag für das Marketing, der ihrer Abteilung mehr Aufmerksamkeit von Seiten der Kundinnen zukommen lassen könnte. Sie will eine kostenlose Farbberatung anbieten. Zu jeder Saison könnten die neuen Modefarben vorgestellt und auf den einzelnen Typ abgestimmt werden. Sie wird sich mit dem Kollegen vom Marketing verabreden und ihm diesen Vorschlag unterbreiten. Sonja spürt, dass etwas in Gang gekommen ist. Ein guter Anfang.

Mittlerweile hat sie ein Alltagsritual entwickelt. Sie kann es durchführen, wenn sie im Sommer mit dem Rad zu ihrer Arbeitsstätte fährt. Es fällt nicht weiter auf, aber es hilft, die Kraft in die Richtung der Ziele zu leiten und zu kanalisieren. Wenn sie motivierende Gedanken denkt, tritt sie stärker in die Pedale. Daran merkt sie, dass die Kraft zu fließen beginnt. Begonnen hat es damit, dass sie ganz unauffällig jeden Tag im Winter die Zeit, die sie für die Fahrt im Bus benötigt, nutzen wollte. Sie lehnte sich zurück und dachte daran, wie sie sich ihre Zukunft im Zusammenhang mit dem Arbeitsumfeld und den Arbeitsbedingungen wünschen würde. Sie merkte, dass das Zurücklehnen und Wünschen sie schwächte. Also musste sie anders vorgehen. Sie erinnerte sich nun an die letzten Tanzerlebnisse, in denen sie schwelgen konnte. Es fühlte sich an, als würde sie in der Fülle ihrer Kraft baden. Sie brauchte nur die Augen zuzumachen und schon war dieses Gefühl der Fülle wieder da: Aus diesem Zustand eröffnete sich

> Nicht vieles zu kennen, aber vieles miteinander in Verbindung zu bringen, ist eine Vorstufe des Schöpferischen.
>
> *William Blake*

eine ganz andere Aussicht. Alles erschien farbiger, funkelnder, in einem neuen Glanz. Aber wohin mit dieser Kraft, das war die Frage, die immer wieder auftauchte. Sie wollte nicht auf den Lorbeeren ausruhen, nicht auf ihrer Kraft und Lust sitzen bleiben. Also experimentierte sie mit Sitzhaltungen, die die Kraft nach vorne, in den Ausdruck bringen könnten. Das war es! Eines Tages, als sie wieder einmal so im Bus saß und sich durchschütteln ließ, kam eine Kurve und eine unerwartete Beschleunigung, die sie nach vorne warf. Ihr kam die Idee, wie sie die Kurven im Leben nehmen konnte: Statt nach hinten gelehnt zu bleiben, lehnte sie sich nach vorne, »lehnte sich weit aus dem Fenster« und genoss das Gefühl, so exponiert und für alle sichtbar in der Öffentlichkeit zu stehen, natürlich zunächst in ihrer Vorstellung. Was wollte sie unternehmen? Was war der nächste Schritt? Sie hatte die Idee mit der Farbberatung dem Marketingkollegen erzählt, der hatte sich aufgeschlossen gezeigt und sie ermuntert, etwas dazu zu schreiben, so dass er den Entwurf bei der nächsten Besprechung vorlegen konnte. Schreiben? Nie im Leben hätte sie sich so etwas zugetraut, wozu auch. Jetzt aber holt sie sich Hilfe bei einer Freundin, die Journalistin bei einer Tageszeitung ist. Das können wir auch bei uns als Artikel unterbringen, meint die. Und eine Anzeige dazu schalten. Das weckt Interesse. Und eine Rede müsste sie schon selbst halten, meint die Freundin, die von der Initiative begeistert ist. Du wirkst um Jahre jünger! Reden: Das hätte Sonja auch nie von sich gedacht, dass sie vor versammeltem Publikum ihre Stimme erheben und dann klar verständlich, von Anfang an bestimmt und doch charmant ansetzen würde, um eine Viertelstunde lang ohne abzusetzen einen Vortrag zu halten. Sie wird einige Stunden bei einer Sprechtherapeutin nehmen, die Journalistin kennt da jemanden. Und sie wird mit dem Satz beginnen: »Farben bestimmen unser Leben.«

Was man nicht träumen kann, hat keine Wirklichkeit.

Hans Erich Nossak

Sonjas Alltagsritual besteht darin, jedes Mal, wenn sie eine unbändige Kraft in sich spürt und sich neue Ziele setzen oder alte Ziele mit neuer Kraft aufladen möchte, sich genüsslich zurückzulehnen und in ihrer Kraft zu baden. Sie holt sich alle Erfahrungen, in denen sie sich als kraftvoll erlebte, her, und schwelgt darin, bis sie ganz damit identifiziert, ganz damit verbunden und verschmolzen ist und auch der innere Kritiker nichts mehr sagen kann. Erst dann lehnt sie sich langsam vor und bringt alle Kraft in diese Haltung, in der sie »wie auf der Startrampe abschussbereit« kauert und lauert und sich vorstellt, wie sie gleich einen Pfeil abschießen wird, um ins Schwarze zu treffen. Diese Spannung, in der wir uns geschmeidig und sehnig zugleich fühlen, wie ein Tiger auf dem Sprung, wie eine Jägerin auf Beutefang, hilft beim Austüfteln neuer Projekte. Die ganze Haltung ist eine einzige Frage, die wir an uns stellen: Was will ich im Leben? Und dann fallen uns die nächsten Schritte ein, die wir machen möchten. Wichtig ist, dass sich Kraft und Zielsetzung die Balance halten, denn: Nur kraftvolle Ziele sind anziehend und nur Kraft, die eine Richtung hat, kann sich ausdrücken. Und in jedem Ausdruck, der aus dieser Kraft kommt, können wir uns wiedererkennen. Wir sind darin authentisch. Gerichtete Kraft brauchen wir aber auch, wenn wir Formen professionellen Verhaltens finden wollen.

Ziele wachsen nicht über Nacht. Wie die Pflanzen brauchen sie Nahrung und Pflege. Einen geeigneten Boden, auf dem sie sich entwickeln können, das richtige Klima. Manche Ziele gedeihen in Klimazonen, in denen andere Ziele jämmerlich eingehen würden. Manche Ziele brauchen es rau, andere wieder tropisch und wieder andere gemäßigt. Aber etwas haben alle Ziele gemeinsam: Sie brauchen Kraft, wenn die Saat aufgehen und Blüten treiben soll. Die Frage ist: Wie kommt die Kraft in die Ziele hinein?

Praxis   **Kraft in Ihre Ziele bringen**

Lehnen Sie sich weit zurück und schwelgen Sie in angenehmen Erinnerungen. Suchen Sie aus den angenehmen Erinnerungen diejenigen heraus, in denen Sie besonders kraftvoll auftreten. Kraft entwickeln Menschen für gewöhnlich bei körperlichen Tätigkeiten, die Spaß machen. Das kann Tanzen sein, aber auch jede andere Sportart, Hauptsache, sie macht Spaß und die Bewegung bereitet keine Mühe. Die Energie fließt, die Bewegungen geschehen wie von selbst. Sie sind in einem Flow-Zustand, Sie sind angeschlossen an kosmische Energie, an ein unerschöpfliches Kräftepotential, Sie haben unendliche Kraftreserven, zumindest in Ihrer Phantasie, der Sie jetzt freien Lauf lassen. Und je mehr Sie sich in diesen Zustand hineindenken, desto mehr versetzen Sie sich hinein und sind tatsächlich angeschlossen an einen Energiefluss. Lassen Sie sich durchströmen. Denken Sie für den Augenblick nicht weiter, sondern genießen Sie diesen Zustand. Wenn Sie in letzter Zeit keine solchen Kraft-Erfahrungen gemacht haben, kramen Sie in Ihrem Erinnerungsalbum nach Selbstbildern, in denen Sie vor Kraft strotzend präsentiert sind. Es können auch Faschingsbilder sein, in denen Sie entsprechend verkleidet zu sehen sind. Und wenn Sie auch dort nicht fündig werden, erfinden Sie sich neu. Stellen Sie sich vor, welches Tier am meisten diese Kraft repräsentiert, und versetzen Sie sich in den Zustand, in dem Sie wären, wenn Sie das Tier wären. Und wenn Sie Ihre Vorstellungskraft bemühen und sich in das Tier versetzen, werden Sie zum Tier. (Natürlich können Sie auch eine Pflanze, einen Baum auswählen, wenn Ihnen die Kraft eines Baumes passender erscheint. Sogar Steine haben Kraft und manche Menschen verbünden sich lieber mit der Kraft ganzer Gebirge als mit Tieren oder Pflanzen.)

Und nun bringen Sie die Kraft nach vorne, in den Ausdruck, indem Sie sich vorlehnen, sprungbereit, tatenbereit. Auch wenn Sie nicht wissen, wohin Sie springen werden und welche Taten Sie vollbringen werden, hilft Ihnen diese Körperhaltung, sich bereit zu halten. Sie werden hellhöriger, wacher, alle Muskeln sind angespannt, eine Lust zuzupacken und anzugreifen breitet sich im Körper aus. Jetzt ist keine Zeit zu dösen, zu verdauen, sich in die Kuschelecke und Komfortzone hinter dem Ofen zu verziehen. Wagen Sie sich ins offene Feld! Alle Schalter sind auf Aktivität gestellt. So versetzen Sie sich in einen Zustand des guten, anregenden Stresses, den Eu-Stress, der Ihr Adrenalin in Wallung bringt. Was haben Sie sich vorgenommen (und dachten, Sie kämen nicht dazu)? Was wollten Sie immer schon anpacken und erledigen (und verdrängten den Gedanken daran, schon als er auftauchte)? Stellen Sie sich vor, wie Sie die Kraft zielgerichtet einsetzen, spielen Sie den Ablauf durch und beobachten Sie, was Sie zuerst tun müssen, um von Anfang an in einem guten Zustand zu sein und zu bleiben, um das Vorhaben durchzuziehen. Und dann tun Sie es.

Sie meinen, Ihnen reiche schon der Stress, den Sie mit den Zielen im Leben haben? Es reiche Ihnen vollauf, auch nur einen Bruchteil erledigen zu können? Dann ist es für Sie wichtig, aus der Anspannung, aus der Starter- und Sprinterhaltung, die Sie auf der Stuhlkante wippen und nicht zur Ruhe kommen lässt, herauszukommen und überzuwechseln in das Kraftbad. Keine Kraftakte ohne Auftanken! Erlauben Sie sich eine kleine Pause. Es sollte zu Ihrem professionellen Gehabe gehören, ab und zu sich souverän zurückzulehnen, tief durchzuatmen und die Ziele, die vor Ihnen liegen, mit dem Weichzeichner zu einem schimmernden Leuchten verschwimmen zu lassen. Vor Ihnen eröffnet sich eine ungeahnte Weite. Der Blick, der eben noch in der Tunnelvision gefangen war, kann sich wieder entspannen und neu einstellen.

Praxis   ## Die gelassene Königin

Wenn Sie unter Stress sind, investieren Sie ein paar Minuten Ihrer Zeit, um umzuschalten. Spüren Sie nach, wo der Stress vor allem sitzt, und entspannen Sie diesen Körperteil ganz bewusst, indem Sie die Spannung verstärken, wie ein Komiker übertreiben. Und dann abfallen lassen, wie ein altes welkes Blatt. Sie meinen, ohne Stress seien Sie nicht mehr dieselbe? Gott sei Dank nicht. Nutzen Sie die Chance, Ihr Rollenrepertoire zu erweitern, und schlüpfen Sie in die Rolle einer Königin, die gewöhnt ist, auf einen Wink hin alles geboten zu bekommen, was sie will. Wenn Sie sich an diese Rolle gewöhnt haben, werden Sie sich auch daran gewöhnen, die erhabene Macht dieser Königin auf Knopfdruck zur Verfügung zu haben. Schauen Sie mit den Augen einer Königin auf Ihr Tagespensum und Ihren Terminkalender. Atmen Sie wie eine Königin, tief und ruhig, atmen Sie durch. Als Königin müssen Sie nicht wie ein gehetztes Wild durch das Gestrüpp jagen, immer auf der Flucht.

Sie sitzen auf Ihrem Thron und veranlassen auf einen Wink, was als Nächstes geschieht. Sie wissen, was Programm ist, Sie kennen die Etikette, das Protokoll am Hof, Sie bestimmen den Ablauf. Sie agieren in Ihrem Hoheitsgebiet. Sie schütteln es aus dem Ärmel, was Sie zu tun haben. Was am leichtesten geht, geht auch am schnellsten. So bringen Sie die nötige Ruhe, Besonnenheit und Autorität in Ihre Handlungen. Und ehe Sie es sich versehen, gelangen Sie ans Ziel – eines von vielen.

Alltagsritual:
Zwischen den Haltungen wechseln

Machen Sie es sich zur Gewohnheit, im Sitzen zwischen den beiden Körperhaltungen zu wechseln. Durch den Wechsel der Körperhaltung regen Sie sich dazu an, mühelos zwischen zwei verschiedenen Bewusstseinszuständen zu wechseln. Sie können durch das Ritual den Wechsel ganz bewusst herbeizuführen lernen, Sie müssen nicht mehr warten, bis es soweit ist, Sie sich lustlos aufraffen und zur Pflicht rufen, zu denen Ihre Ziele (die einstmals lustvoll besetzt waren, bevor Sie sie zur leidigen Pflicht degradierten) mutiert sind. Sie müssen aber auch nicht darauf warten, bis Sie unter der Last der aufopfernden Pflichterfüllung zusammenbrechen und kraftlos, völlig erschöpft von Ihre Zielen Abstand nehmen, weil Sie »auch nur ein Mensch sind«. Wechseln Sie die Haltung nach dem Prinzip:

Nach hinten gelehnt, entspannt, heißt: in Verbindung mit den eigenen Kräften, Reserven, Potenzialen in Verbindung sein. Setzen Sie sich in Ihrer Vorstellung ein Krönchen auf, wenn es Ihnen hilft, diesen Zustand als »königlich erhabene Ruhe, Souveränität, natürliche Autorität und Authentizität« zu markieren.

Nach vorne gebeugt, das Körpergewicht auf die Stuhlkante verlagert, heißt: auf dem Sprung, angriffslustig, hellwach, voller Appetit, reiche Beute, Neugier macht offen und aufnahmebereit, Sie wittern Ihre Chance, der Erfolg gehört Ihnen. Sie zielen. Sie treffen ins Schwarze. Jeder Schritt ein Treffer, so zielsicher sind Sie, so Ihres Zieles und Ihres Erfolgs gewiss.

In der Mitte zwischen den beiden Körperhaltung finden Sie eine dritte Haltung, die Sie ganz aufrecht sitzen lässt. In der Aufrechten, Vertikalen, haben Sie die Möglichkeit, sich zu entscheiden, welche Haltung jetzt ansteht: Angriff oder Rückzug? Professionelles Engagement oder Vertrauen auf sich selbst, darauf, dass Sie in allem, was Sie tun, Sie selbst bleiben, Ihre Authentizität und Würde unangefochten bleibt. In dieser Mittelstellung werden Sie auch feststellen, dass das Entweder-Oder Sie nur scheinbar zur Entscheidung für das eine oder andere herausfordert. Sie können beides sein, authentisch und professionell zugleich. Und Sie lernen durch dieses Alltagsritual immer mehr, die beiden Enden zusammenzubringen.

Sammeln Sie Kraft- und Erfolgspunkte

Führen Sie doch in Zukunft Buch über Ihre eingesetzten Kräfte und Ihre Erfolge der erreichten Ziele. Sammeln Sie Kraftpunkte. Vermerken Sie jede Erfahrung, die Sie mit Ihrer Kraft, Lebensfreude und Lust, Energie, Fitness jeder Art in Kontakt bringt mit einem Punkt. Diese Punkte können Sie sich vor Augen führen, wenn Sie mal in eine kraftlose Stimmung verfallen und diese verallgemeinern, indem Sie meinen, Sie seien eben so, nämlich kraftlos, schlaff und schlapp. Vermerken Sie auch Tätigkeiten, bei denen Sie in Kontakt mit Ihrer Kraft kommen, und nehmen Sie sich vor, diese Tätigkeiten in Ihr persönliches Fitnessprogramm aufzunehmen, so dass Sie regelmäßig Ihre Kraft unter Beweis stellen.

> **Für Optimisten ist das Leben kein Problem, sondern bereits die Lösung.**
>
> *Marcel Pagnol*

Und sammeln Sie auch Erfolgspunkte. Nehmen Sie wahr, wenn Sie ein Ziel erreicht haben, und sei es noch so unscheinbar. Bemerken Sie, wie Sie es geschafft haben, das zu erreichen, was Sie sich vorgenommen haben. Markieren Sie jede Erfolgserfahrung mit einem Punkt. Die Erfolgserfahrungen können auch aus dem privaten Bereich stammen. Wichtig ist, dass diese Erfolge Ihnen das Gefühl vermittelt haben: Ich schaffe das, was ich mir vorgenommen habe. Ich kann meinen Willen durchsetzen. Das erhöht Selbstwertgefühl und Selbstvertrauen. Diese Punkte können Sie sich vor Augen führen, wenn Sie mal in eine mutlose Stimmung verfallen und diese verallgemeinern, indem Sie meinen, Sie seien eben so, eine Niete, ein Versa-

ger, ein Mensch, der nicht hält, was er verspricht, ein Mensch ohne
innere Ausrichtung, der die Dinge nicht auf die Reihe kriegt. Vermerken Sie auch Tätigkeiten, bei denen Sie in Kontakt mit Ihrem Organi-
sationstalent kommen und in denen Sie sich zielsicher, selbstbe-
stimmt, zuversichtlich und erfolgversprechend erleben. Nehmen Sie
kleine Herausforderungen in Ihr persönliches Fitnessprogramm auf,
so dass Sie regelmäßig Ihr Erfolgserleben bestätigen und verstärken.
Wichtig: Nehmen Sie sich nicht zu viel vor. Beginnen Sie mit kleinen
Zielen, von denen Sie sicher sein können, dass Sie sie ohne größeren
Aufwand und Überforderung erreichen.

Mit der Zeit arbeiten
statt gegen sie

Zeitmanagement befasst sich mit der Art, wie wir unsere Zeit am besten nutzen und den Umgang mit der Zeit bewusster steuern, so dass
uns wertvolle Zeit nicht verloren geht. Persönliches Zeitmanagement besteht vor allem darin, so genannte
Fremdsteuerungen als Zeitfresser zu erkennen und besser in den Griff zu kriegen. Ziel
dabei ist, Aufgaben, insbesondere die gewohnten, die täglich anstehen und zur Routine gehören, in kürzerer Zeit mit weniger

> **Aufschub ist der Dieb der Zeit.
> Aufschub raubt uns die Zeit,
> die wir haben, und macht da-
> raus Zeit, die wir verlieren.**
>
> *Eduard Young*

Aufwand, weniger Hektik und Stress und geringerem Leistungs-
druck zu bewältigen. Bei allen Vorteilen, die die Routine im Alltags-
leben bietet, steckt gerade auch hier die Gefahr, in Zeitfallen zu laufen und noch nicht einmal zu merken, wie die Zeit verloren geht.
Eben weil Sie die Routine so gewohnt sind, kommt es Ihnen nicht in
den Sinn, Ihre gewohnten Arbeitsabläufe zu überprüfen. Lohnt sich
die Mühe? Macht sich der Aufwand bezahlt? Erlauben Sie sich, Bilanz zu ziehen. Kommt genügend dabei heraus? Auch wenn Sie

noch so routiniert sind, kann es gut sein, dass Sie die eine oder andere Zeitfalle entdecken, in der Ihre wertvolle Zeit verloren geht wie die Flugzeuge im Bermuda-Dreieck.

Auf einer Zeitmanagement-Konferenz lernten wir eine ältere Trainerin kennen, die ihr humorvolles Modell vorführte: Entdeckte sie, dass sie in eine Zeitfalle getappt war, kommentierte sie das mit einem kleinen Liedchen, das sie komponiert hatte, statt, wie das viele von uns vielleicht eher tun würden, sich selbst für all die verschwendete Mühe auch noch innerlich zu kritisieren. Das Liedchen ist sehr einfach. Jede kann es lernen. Es besteht eigentlich nur aus der Wiederholung eines Buchstabens: t, t, t, t, t, t, t, t! Oder einem verlängerten Schnalzen mit der Zunge. Aber unter den richtigen Umständen an der richtigen Stelle und zum richtigen Zeitpunkt kann es Wunder bewirken, absolute Medizin und Magie sein. Es setzt ein Zeichen, hält dazu an, innerlich Stopp zu sagen, und das voller gutmütiger Nachsicht, ohne Strafkommando und Drohgebärde. Dazu ein Kopfschütteln, leicht, verwundert, lächelnd und schon ist die Routine außer Kraft gesetzt.

Routine lebt davon, dass wir sie nicht hinterfragen. Wir sind so glücklich, dass wir alles auf die Reihe kriegen, dass wir es nicht wagen uns vorzustellen, es gäbe eine noch bessere Art, die Dinge zu erledigen. Sobald wir aber die Autorität der Routine untergraben und uns dazu entschließen, aus dem Trott auszusteigen, auch wenn er uns noch so ans Herz gewachsen ist, dann geben wir uns selbst eine Chance: t, t, t, t, t, t, t! Was nicht alles möglich ist im Leben, sagt etwas in uns und versteht gar nicht, warum wir nicht schon vorher auf den Gedanken gekommen sind, es ganz anders zu machen. Die Antwort ist übrigens einfach: Weil wir uns nie die Zeit dafür genommen haben. Und warum haben wir uns nie Zeit dafür genommen? Na, wir wollten doch damit keine Zeit verlieren!

Erkennen Sie Ihre
persönlichen Zeitfresser

Nehmen Sie es mit Humor. Nehmen Sie es sich selbst nicht übel, wenn Ihnen die Zeit mal wieder durch die Lappen gegangen ist. Schauen Sie sich über die Schulter oder horchen Sie sich selbst bei Ihren inneren Monologen zu und ertappen Sie die Zeitfresser in flagranti! Hier einige Beispiele für einen verbesserungsfähigen Umgang mit der Zeit. Erkennen Sie sich in der inneren Einstellung wieder? Gibt es gute Gründe dafür, diese Einstellung beizubehalten? Und gibt es noch bessere Gründe dafür, diese Einstellung zu verändern?

Die Fragen stammen aus den Gesprächen, die wir mit uns selbst führen. Auch die Antworten könnten aus solchen Selbstgesprächen sein, wenn wir uns die Mühe machen wollten, wirklich eine Antwort auf die Frage zu finden. Meist plappert etwas in uns vor sich hin und die Fragen gleichen mehr Ausrufen als Anzeichen dafür, es wirklich wissen zu wollen. Eine kurze Bilanz zeigt auf, *wie der innere Zustand zu einem Verhalten führt, das Zeit verliert statt nutzt.* Wo die Gründe dafür zu suchen sind. Und was sich verbessern ließe.

Frage: Was mache ich da eigentlich?
Antwort: Ach, nichts Besonderes. Das ist mir gerade in den Sinn gekommen.
Zustand: Es ist Ihnen unklar, worum es eigentlich geht und was genau zu tun ist. Sie haben kein Ziel und keinen Plan. Das bräuchten Sie aber, um einen Sinn in dem, was Sie tun, zu sehen.
Vorschlag: Setzen Sie sich klare Ziele und planen Sie Schritt für Schritt, wie Sie Ihre Ziele erreichen können.

Frage: Warum mache ich das jetzt gerade?
Antwort: Ach, gehupft wie gesprungen, Jacke wie Hose, alle Dinge sind mir gleich wichtig.

Zustand: In Wahrheit ist Ihnen alles so ziemlich wurst. Diese Gleichgültigkeit sollten Sie nicht mit erhabenem Gleichmut verwechseln. *Vorschlag:* Setzen Sie Prioritäten. Was liegt Ihnen (jetzt) am Herzen? Was wäre Ihnen (jetzt) am wichtigsten?

Frage: Wo soll ich bloß anfangen?
Antwort: Eigentlich kann ich es gleich bleiben lassen!
Zustand: Sie haben die Übersicht verloren oder nie entwickelt.
Vorschlag: Schauen Sie sich aus einem inneren Abstand an, in was Sie verwickelt sind und was Sie da machen. Ergibt es einen Sinn? Wenn ja, welchen? Wenn nein, was bräuchten Sie jetzt dringend, um einen neuen Sinn finden zu können? (Jemand zum Austauschen oder einfach nur Plaudern, jemand, der zuhört, ein Fachbuch, eine aufmerksame Vorgesetzte, einen Termin bei der Personalberaterin?)

Frage: Ist es nicht schade um die Zeit?
Antwort: Da könnte ich auch etwas ganz anderes anfangen, als diesen Scheiß zu erledigen.
Zustand: Sie sind Opfer schlechter Planung und Organisation.
Vorschlag: Wenn es Ihre eigene Planung ist, können Sie etwas daran ändern. Wenn nicht, können Sie konstruktive Vorschläge für eine bessere Anleitung machen und, soweit möglich, selbstständig die Änderungen angehen.

Frage: Hand aufs Herz, würde ich jetzt nicht viel lieber etwas ganz anderes machen und das hier hinter mich gebracht haben?
Antwort: Richtig, das wäre toll, wenn es jetzt einen Zaubertrick gäbe, die Zeit vorwärts zu drehen und mit allem fertig zu sein.
Zustand: Sie sind nicht ganz bei der Sache, weil Sie sich in einem Zustand der Hast, Ungeduld und Frustration befinden.
Vorschlag: Stoppen Sie diese negativen Gefühle, konzentrieren Sie sich, führen Sie sich Ihre inneren Werte und Motive vor Augen, um die es Ihnen im Beruf geht.

Frage: Werde ich dafür bezahlt, die Zeit abzusitzen?

Antwort: Na ja, Däumchendrehen ist auch ein Job. Aber saulangweilig.

Zustand: Sie ärgern sich über Leerzeiten und Wartezeiten, Zeit, die ungenutzt verstreicht, ohne dass Sie eine sinnvolle Ersatzaufgabe finden.

Vorschlag: Nutzen Sie diese Zwischenzeiten zu Kurz-Meditationen oder Übungen, wie sie z.b. in diesem Buch beschrieben werden. Falls diese Leerzeiten immer wieder vorkommen, muss der Zeitablauf nochmals überprüft und gegebenenfalls neu organisiert werden, um aus dem Einsatz von Zeit, Energie und Motivation ein optimales Ergebnis zu erzielen.

Zwischenfrage: Und warum soll ich das machen?

Zwischenantwort: Es ist in Ihrem eigenen Interesse, oder nicht?

Frage: Warum passiert das immer mir? Warum erwischt es immer mich (beim Kaffeemachen, Brötchenholen, Postwegbringen)?

Antwort: Das kommt davon, dass ich mir immer sage: Also, meinetwegen, wenn es sonst niemand macht, dann muss ich eben herhalten.

Zustand: Sie können nicht Nein sagen, ärgern sich aber darüber, dass alle Welt dies weiß, damit rechnet und Sie ausnutzt.

Vorschlag: Sie wollen, dass diese Masche nicht mehr läuft? Unterbrechen Sie den Fadenlauf. Stricken Sie sich was Neues. Legen Sie sich einen knappen, aussagekräftigen Satz zurecht, der mit »Ja, gerne« beginnt und dann fortfährt mit »das nächste Mal, heute geht's nicht ...« Und schon sind Sie weg, beschäftigt mit etwas anderem. Lassen Sie keine Lücke entstehen. (Lücken haben eine Tendenz, sich aufzufüllen). Füllen Sie lieber Ihren (Zeit-)Raum selbst.

Frage: Seltsam, heute habe ich schon wieder null Bock. Woher das wohl kommt?

Antwort: Wenn es gestern nicht motivierend war zu arbeiten und heute nicht, was macht dich glauben, dass es morgen anders sein sollte?

Zustand: Ihnen fehlt eine grundlegende Leitlinie und ein Ziel, das Sie motiviert. Sie kämpfen tapfer gegen Ihren Widerstand, aber die Anstrengung lohnt sich nicht, denn das Ergebnis ist nur noch mehr Frust.

Vorschlag: Überlegen Sie, was Sie in Wirklichkeit erreichen wollen, und was Sie schon versucht haben, um das zu erreichen. Und wenn es nicht geklappt hat, versuchen Sie mal was ganz anderes.

Frage: Woher soll ich das wissen?

Antwort: Wie wäre es mit Raten oder zu einem Hellseher gehen?

Zustand: Sie sind nicht ausreichend informiert. Mangelnde Information im Beruf mag viele Gründe haben, einer davon ist ein schlechter Kommunikationsfluss zwischen allen Beteiligten.

Vorschlag: Informieren Sie sich. Fragen Sie nach. Schlagen Sie nach. Warten Sie nicht darauf, aufgeklärt zu werden, sondern schaffen Sie sich selbst Klarheit.

Frage: Sollte ich eigentlich nicht etwas ganz anderes machen und ganz woanders sein?

Antwort: Gute Frage!

Zustand: Sie stehen nicht zu den eigenen Entscheidungen oder vielleicht haben Sie sich gar nicht entschieden? Es mangelt an Klarheit, Konsequenz und Selbstdisziplin.

Vorschlag: Überprüfen Sie, wie ernst Sie es mit den Entscheidungen nehmen und finden Sie heraus, wie Sie Entscheidungsfreude entwickeln können, z.B. indem Sie etwas finden, das Sie wirklich herausfordert und direkt angeht, etwas, an dem Sie persönlich beteiligt sind und sich angesprochen fühlen. Nur so macht es Spaß, Verantwortung zu übernehmen.

Frage: Und was mache ich, wenn mir irgendetwas dazwischen kommt? Wenn irgendetwas das Fass zum Überlaufen bringt?

Antwort: Das hättest du dir vorher überlegen müssen.

Zustand: Ihnen fehlt Spielraum bei unvorhersehbaren Zwischenfällen.

Vorschlag: Der Mensch ist keine Maschine und Sie sind kein Roboter. Gestehen Sie sich zu, dass Sie auch mal aus dem Takt kommen, und denken Sie in Ruhe durch, welche Verhaltensalternativen Ihnen zur Verfügung stehen, wenn etwas schief geht. Panik ist kein Ausweg aus der Not. Planen Sie außerdem genug »Stauraum« und »Pufferzonen« ein, um nicht unnötig in Stress zu geraten.

Tipp

Ideen für Ihr entspanntes Zeitmanagement

- Ihre Zukunft liegt im Heute, im Jetzt.
- Versuchen Sie nicht alle Probleme gleichzeitig und auf einmal zu bewältigen.
- Wenn Sie sich von schlechten Gewohnheiten befreien wollen, tun Sie es. Tun Sie es in dem Augenblick, in dem Sie sich ihrer bewusst werden und sich sagen: Das könnte ich anders machen.
- Tun Sie es sofort. Jetzt haben Sie die Möglichkeit, die Weichen anders zu stellen, damit Ihr Leben anders verläuft.
- Wenn Sie es jetzt nicht tun, wann sonst? Die Zeit wird nie günstiger für die Wende sein als jetzt.
- Denken Sie daran, dass Veränderungen aber auch Zeit brauchen. Wenn Sie sich dabei ertappen, dass Sie wieder in Ihr altes Verhalten zurückfallen, sagen Sie sich nicht: Siehst du, du schaffst es eben nicht, dich zu verändern. Es hat ja doch keinen Sinn. Sagen Sie sich lieber: T, t, t, t, t!, und fassen Sie erneut den Entschluss, es anders zu machen. So lange, bis es von alleine läuft.

Praxis **Wie Sie sich in die Gegenwart zurückholen**

In der Gegenwart liegen die Kraft und Möglichkeit zu handeln. Um die Kraft der Gegenwart nutzen zu können, ist es gut, einen einfachen Trick dafür parat zu haben. Hier ist er. Immer wenn Sie merken, dass Sie in die Vergangenheit (z.B. in die Erinnerung an unangenehme Erlebnisse) oder in die Zukunft (z.B. in Gedanken an etwas, das Ihnen bevorsteht) abdriften, können Sie diesen Trick anwenden. Auch wenn Sie in Gesellschaft sind, wird niemandem auffallen, dass Sie kurz mit sich selbst beschäftigt sind, um wieder ganz wach und gegenwärtig zu werden.

- Machen Sie sich das Fließen Ihres Atemstroms bewusst: ausatmen – einatmen – ausatmen – einatmen ...

- Konzentrieren Sie sich auf das Ausatmen, das Sie in die Gegenwart bringt. Fassen Sie den Entschluss: Schluss mit dem Abdriften! Ich atme tief und entschlossen aus, hinein in die Gegenwart.

- Alles, was mich belastet und bedrückt, was mich ablenkt und verwirrt, atme ich aus.

- Mit dem Einatmen bin ich mir der vielen Möglichkeiten, die ich habe oder haben könnte, bewusst, doch jetzt habe ich mich dazu entschlossen, alles, was ich einatme, und alle Gedanken, die in der Zukunft oder Vergangenheit waren, in die Gegenwart zu bringen, mit dem Ausatmen, jetzt.

Ich habe einen fantastischen Tag und könnte die ganze Welt umarmen. Mir ist nach Lachen und Herumalbern zumute, aber ich habe Bedenken, dass mein Chef das kindisch finden würde und er mich dann nicht mehr ernst nimmt.

▶ Sie unterstellen Ihrem Chef eine bestimmte Reaktion auf Ihre gute Laune. Wissen Sie denn, ob er wirklich so humorlos ist, wie Sie denken?

▶ Oft richten wir unser Verhalten nach Annahmen darüber aus, was andere von uns denken oder was sie wohl tun werden. Diese Annahmen haben wir meist nie in der Wirklichkeit überprüft. Vielleicht lassen Sie sich einmal überraschen?

▶ Wenn es Ihnen wirklich realistisch erscheint, dass Ihre überschäumende Stimmung negative Auswirkungen haben könnte, dann treffen Sie eine bewusste Entscheidung, in eine gemäßigte gute Laune einzutreten. Treffen Sie eine erwachsene, eigenverantwortliche Vereinbarung mit sich: Weil es *mir* wichtig ist, die Beziehung zu meinem Chef nicht zu gefährden, benehme ich mich zurückhaltender. (Die nicht-eigenverantwortliche Opferhaltung lautet: Weil mein Chef ein humorloser Spießer ist, darf ich nicht so sein, wie ich möchte.)

Kapitel 4

Veränderungen nutzen, Erfolge verstärken

Wenn wir unserem **eigenen Erfolg** im Wege stehen

Kennen Sie das? Sie wollen zu einem wichtigen Vorstellungsgespräch und steigen in den falschen Zug. Keine Chance, noch pünktlich anzukommen. Sie hadern mit dem Schicksal und finden es ungerecht, dass immer Ihnen so etwas passieren muss. Klar, es liegt an Ihnen. Oder haben Sie einfach nur Pech? (Mal wieder.)

Die Pechsträhne will nicht aufhören, so kommt es Ihnen vor. Erst neulich haben Sie wieder etwas vermasselt und Sie könnten sich heute noch darüber grün und blau ärgern. Sie fragen sich, ob Sie nicht doch etwas grundsätzlich falsch machen – eine innere Stimme suggeriert Ihnen, dass nur Ihnen so etwas Blödes passiert und dazu noch so oft. Selbst wenn Sie krank sind, ist da die innere Stimme, die meint, es hätte irgendwie mit Ihnen zu tun, dass Sie schon wieder auf der Nase liegen, statt mal ordentlich durchzustarten und Ihre Karriere voranzubringen.

Nun gibt es zwei Arten, Erfolge bzw. Misserfolge zu sehen.

Die meisten Männer würden sagen, wenn sie einen Erfolg zu verzeichnen haben: Das ist mir gut gelungen! Und bei einem Misserfolg würden sie sagen: So ein Pech auch! Die meisten Frauen hingegen neigen dazu, bei einem Erfolg zu sagen, sie hätten eben Glück gehabt, bei einem Misserfolg hingegen von Schuld zu sprechen und die Schuld auf sich zu nehmen.

Und wie ist es bei Ihnen? Wenn bei Ihnen etwas schief geht, ist es auf Ihr Versagen zurückzuführen oder werten Sie es als Pech? Wenn Ihnen etwas glückt, ist es »auf Ihrem Mist gewachsen« oder werten Sie es als »Schwein gehabt«?

Sicher, es kann jedes Mal anders sein. Aber meist haben sich Gewohnheiten in die Bewertung von Erfolg und Misserfolg eingeschlichen und da Sie sich der Gewohnheiten nicht bewusst sind – das haben Gewohnheiten so an sich – bewerten Sie

> **Ein Fehler ist ein Ereignis, dessen großer Nutzen sich noch nicht zu deinem Vorteil ausgewirkt hat.**
>
> *Peter Senge*

ganz automatisch, ohne weiter darüber nachzudenken. Sie überlegen sich also nicht: Was genau habe ich gut gemacht, so dass ich diesen Erfolg als Pluspunkt verbuchen konnte? Sie denken vielleicht nach, was Sie generell falsch machen im Leben (und geißeln sich dafür), aber Sie fragen sich wahrscheinlich nicht: Wo genau liegt der Fehler und wie kann ich ihn das nächste Mal vermeiden?

Wir sind es gewohnt, Erfolg und Misserfolg hinzunehmen. Das ist praktisch, weil wir uns weiter keine Gedanken machen müssen, wieso es so kommt, wie es kommt. Aber es führt auch dazu, dass viele von uns es aufgegeben haben, positive Veränderungen anzupeilen und ganz auf das Schicksal angewiesen sind, das uns mal Saures gibt, mal uns verwöhnt.

Was ist aber, wenn Sie Ihren Misserfolg zwar auf Ihr eigenes Versagen zurückführen und doch das Gefühl haben, es sei Ihnen ein Schicksalsschlag, ein Blitz aus heiterem Himmel widerfahren, d.h. es hätte nicht in Ihrer Macht gestanden, sich anders zu verhalten? Spielt Ihnen das Schicksal einen Streich? Trickst Sie aus? Führt jemand etwas Übles gegen Sie im Schild und verfolgt Sie mit seiner Ungunst? Ist das ein böser Zauber? Oft fühlt es sich so an. Was meinen Sie: Geht es da mit rechten Dingen zu? Was würden Sie dazu sagen, wenn Sie erfahren müssten, dass in den meisten dieser Fälle, in denen Sie sich wie fremdgesteuert und unter einem unglückseligen Stern geboren vorkommen, Sie selbst Ihr eigener schlimmster Widersacher sind?

Denn genauso ist es: Innere Konflikte und Selbstsabotage wirken sich verheerend aus. Ein Teil von uns will Erfolg, der andere Teil hat ganz andere Interessen und Motive. Was lässt sich da machen? Es ist ähnlich wie in einer Demokratie: Nur wenn alle Beteiligten eine Stimme erhalten und diese Stimme auch gehört wird, kann es zur demokratischen Abstimmung kommen. Allerdings braucht es oft lange Verhandlungen und Neuverhandlungen, bis sich alle einig sind – ein Ideal, das hartgesottenen Realisten weltfremd erscheint. In der Politik des Innenlebens hingegen haben Sie bessere Chancen, zu einem solchen Ergebnis zu kommen. (Sie können dazu den Fragebogen von Seite 41 benutzen.) Auch hier jedoch gilt, dass keine Stimmigkeit so veraltet ist wie die gestrige. Sie müssen jederzeit auf dem heutigen Stand sein, um sich wirklich mit sich selbst im Einklang zu fühlen und auch so auf andere zu wirken. Ich kenne mich doch! Meinen Sie. Die Ausrede gilt nicht.

Woran Sie innere Konflikte und **Selbstsabotage** erkennen

- Etwas (»es«) macht, dass es nicht so geht, wie Sie geplant haben. Es kommt nicht nur anders, als Sie gedacht haben, schlimmer noch: Der Schuss geht nach hinten los. Was gut gemeint war, führt zu einem bösen Ende. Je mehr Sie sich anstrengen, »es« zu begradigen, desto schräger wird »es«, desto schiefer liegen Sie und fühlen sich entsprechend.

- Etwas in Ihnen stellt sich quer, leistet Widerstand, verweigert sich. Oft kann der Körper davon ein Lied singen, denn er muss es auslöffeln, was der widerständige Teil ausheckt. Sie fühlen sich geschwächt, erschöpft, abgekämpft, ausgebrannt – dabei hatten Sie sich doch so drauf gefreut ...

- Mit schöner Regelmäßigkeit geschieht Ihnen dieselbe Pleite. Als hätten Sie nicht daraus gelernt! Und dabei haben Sie sich doch so gut abgesichert, alles genau überdacht diesmal, und rums, wieder fallen Sie in dasselbe Loch, aus dem Sie sich gerade herausgebuddelt haben. Sie fühlen sich hilflos, verwirrt, ohne Orientierung, übermächtigen Kräften ausgeliefert, von allen guten Geistern verlassen.

Es scheint nicht in Ihrer Macht zu stehen, etwas gegen diesen Missstand zu unternehmen. Sie geben auf. Resignieren. Probieren es nicht ein weiteres Mal, denn Sie wissen ja, wohin das führt. Sie wollen nichts mehr mit der Sache zu tun haben, sagen sich selbst: Vergiss es. Und wahrscheinlich tun Sie das auch: Sie vergessen, was Sie sich ursprünglich gewünscht oder vorgenommen haben. So verstärken Sie Ihre schlechte Meinung von sich selbst.

Tipp

Lassen Sie sich tragen

Immer wenn Sie sich von allen guten Geistern verlassen fühlen, drehen Sie den Spieß um. Geben Sie auf, gegen sich selbst zu kämpfen. Geben Sie nach. Lassen Sie sich von allen guten Geistern tragen. Doch zuerst müssen Sie Ihre guten Geister näher kennen lernen, um deren Hilfsangebote wahrnehmen, anerkennen, wertschätzen und richtig einsetzen zu können.

Gute Geister sind gute Ich-Zustände, d.h. Zustände, in denen Sie voller Selbstbewusstsein auf sich zeigen und sagen: Ich weiß vielleicht nicht immer, was ich tue, aber ich weiß, *dass* ich es tue. Ich bin mir meiner Handlungen (oder Unterlassungen) bewusst. Immer wenn Sie sagen: Ich habe es getan (statt: Es passierte mir), dann sind Sie in einem Ich-Zustand. Je mehr Sie Verantwortung übernehmen für das, was geschieht und geschehen ist, desto mehr stärken Sie Ihr Ich und Ihre Eigenständigkeit, auch wenn dies in manchen Situationen sich eher unangenehm anfühlen mag. Trotzdem ist es auf Dauer ein besseres Gefühl als das der Hilflosigkeit, Ohnmacht und Fremdbestimmung.

Natürlich gibt es Umstände und Bedingungen, die als Einflüsse von außen Ihr Innenleben weitgehend bestimmen. Aber wie Sie darauf reagieren und wie Sie sich darauf einstellen, was Sie daraus machen, das ist noch immer Ihre Sache. Das ist das Hoheitsgebiet des Ichs. Das ist sein Vermögen. Ein Mensch wird mündig genannt, wenn er sein Ich voll entwickelt hat und aus der selbst oder fremd verschuldeten Unmündigkeit herausgetreten ist.

Woran Sie erkennen, dass Sie in einem **Ich-Zustand** sind

- Sie übernehmen Verantwortung für das, was Sie tun, auch wenn es sich »nur« um eine Gewohnheit handelt.

- Sie nehmen die Herausforderung an, ein Problem lösen zu wollen, statt den schwarzen Peter der Schuld oder Zuständigkeit anderen zuzuschieben.

- Sie holen sich die Hilfe, die Sie brauchen, statt darauf zu warten, bis jemand von selbst auf die Idee kommt, Ihnen zu helfen.

- Sie drücken klar und deutlich aus, was Sie brauchen oder was Ihnen zusteht, Ihrer Meinung nach. Wenn Unklarheiten auftauchen, verhandeln Sie darüber, bis die Sache geklärt ist. Sie sprechen Menschen an, statt Ansprüche aufrechtzuerhalten.

- Sie sorgen für Ihren Schutz und Ihre Sicherheit, statt die Verantwortung dafür anderen zu überlassen. Sie informieren sich über Ihre Rechte, aber auch Ihre Pflichten, statt von anderen dazu aufgefordert werden zu müssen.

- Sie informieren sich darüber, was Ihre Möglichkeiten z.B. in Bezug auf Weiterbildung und berufliche Entwicklung sind, statt sich danach zu richten, was von Ihnen als Minimum gefordert wird.

- Sie tun die Dinge um ihrer selbst willen und weil Sie entschieden haben, sie zu tun – nicht weil Sie unter Druck gesetzt und gedrängt wurden und schließlich keine andere Wahl hatten.

- Sie unterscheiden zwischen dem Dringlichen und dem Wichtigen. Sie erledigen beides, aber setzen Prioritäten.

- Sie bemühen sich darum, Ihre Wahlmöglichkeiten zu vergrößern, statt sich auf das zu beschränken, was notwendig ist. Gleichzeitig schärfen Sie Ihre Wahrnehmung und erkennen die Notwendigkeiten, an denen Sie nicht vorbeikommen, auch wenn Sie noch so lange warten und denken, dass Gras darüber wächst.

- Sie handeln eigenmächtig, d.h. Sie holen sich die Erlaubnis dazu aus Ihrer eigenen Einsicht und Erkenntnis. Wenn die Erlaubnis von anderen Menschen gegeben werden muss, erkundigen Sie sich nach den Bedingungen für die Erlaubnis und holen Sie sie ein.

- Sie machen sich frei von der Meinung anderer und überprüfen selbst, wie die Dinge stehen.

- Sie beziehen sich auf andere Menschen und beziehen deren Meinungen, Wünsche und Ängste in Ihre Gedanken ein, aber Sie sind Sie selbst und erlauben sich, die Dinge mit dem nötigen Respekt aus dem Abstand zu betrachten. Sie erlauben sich, ab und zu aus dem engen Kontakt herauszutreten und ein kritisches Auge auf die Lage zu werfen, als wären Sie jemand, der nichts mit der Sache zu tun hat. Sie erlauben sich Objektivität.

Ich lebe in einer glücklichen Beziehung – mit einer Frau. Wenn es einen kleinen Plausch unter Kolleginnen gibt (z.B. darüber, was wir am Wochenende gemacht haben), weiß ich nie, wie ich mich verhalten soll: Soll ich meine Lebensgefährtin erwähnen oder lieber nicht? Bis jetzt erzähle ich so unpersönlich, dass sie nicht vorkommt. Ich fühle mich aber unwohl damit.

▶ Kommt darauf an, wo Sie sind: in San Francisco oder in Niederbayern.

▶ Kommt darauf an, was Sie beruflich machen: ob Sie in einer Modezeitschrift oder einer Anwaltskanzlei arbeiten.

▶ Kommt drauf an, wem Sie sich anvertrauen.

> ▶ Nicht alle Welt muss es wissen. Aber auf die Dauer ist der Preis
> für das Verschweigen zu hoch.
>
> ▶ Es gibt Augenblicke und Situationen, in denen es mehr, und an-
> dere, in denen es weniger angebracht ist, »auszupacken«.
>
> ▶ Schätzen Sie die Konsequenzen ein. Kann es berufsschädigend
> für Sie oder Ihre Lebensgefährtin sein?
>
> ▶ Viele Menschen machen die Erfahrung: Je unkomplizierter wir
> selbst mit heiklen Themen umgehen, desto leichter fällt es unse-
> rem Gegenüber, auch unkompliziert darauf zu reagieren.

Erfolg erfolgt. Erfolg ist die Folge von Leistungen, die erbracht werden. In wenigen Ausnahmen können es Siebenmeilenschritte sein,
die Sie plötzlich beflügeln und zum Erfolg tragen, aber meist sind es
die kleinen Schritte, die nach und nach zum Erfolg führen (und ihn

Wenn kein Wind ist, muss halten). Erfolg ist meist nicht (nur) Glückssa-
man rudern. che, und Erfolg macht auch nicht unbedingt
Portugiesisches Sprichwort vollkommen glücklich, schließlich ist Erfolg
nicht alles im Leben. Aber er befriedigt und
baut das Selbstbewusstsein auf. Mit je mehr Erfolgserlebnissen Sie in
Ihrem Leben punkten, desto mehr gewinnen Sie an Zuversicht und
Mut.

Glück ist, wenn alles zusammentrifft, was es braucht im Leben,
und wenn alles zusammenpasst, was dazugehört. Und wenn dann alles noch von selbst geht, einfach so, dann ist das wunderbar. Benei-
denswert. Aber kein Kunststück. Erfolg hingegen geschieht, *wenn die
innere Einstellung mit den äußeren Umständen in Einklang gebracht werden kann.* Und das ist ein Kunststück. Es geht darum, ganz bewusst

und mit fester Absicht herauszufinden, was es zum Erfolg braucht, und dann die Zutaten aufeinander abzustimmen, zu einem gelungenen Gesamtwerk zusammenzumischen und den Geschmack abzurunden, so dass Erfolg eben nicht nach harter Arbeit und viel Schweiß schmeckt bzw. riecht, sondern ganz selbstverständlich daherkommt. Das ist ein Kunststück. Und das geht nicht von selbst, denn ein Zufallsglückstreffer lässt sich nicht wiederholen, und was es vor allem zum Erfolg braucht, ist Regelmäßigkeit, Kontinuität, Ausdauer, Beharrlichkeit.

Und woher bekommen Sie diese beeindruckenden Tugenden? Indem Sie darauf achten, den Erfolgswillen in sich zu pflegen und zu stärken. Indem Sie Ihre Intelligenz dafür einsetzen, Ihre Ziele zu verwirklichen und den Erfolg anzugehen. Ja, es gibt sie, die Erfolgsintelligenz! Und sie lässt sich durch Übung entwickeln.

Erfolgs**verstärker**

Es ist wie beim Geschmack: Der Geschmack muss schon da sein, um verstärkt werden zu können. So ist es auch mit dem Erfolg. Er muss zwar nicht schon eingetreten sein, aber Sie müssen schon eine Ahnung haben, wie Erfolg schmeckt, um so richtig auf den Geschmack zu kommen. Die Checkliste der Erfolgsverstärker hilft Ihnen, einen Überblick zu bekommen über das, was Sie für Ihren Erfolg tun können. Erfolgsverstärker sind etwas, was Ihre Erfolgsentwicklung in Gang setzt, Ihr Erfolgsniveau steigert, Ihre Abwehrkraft gegen Erfolgskiller stärkt.

Tun Sie jeden Tag etwas ganz ohne Absicht, aus reiner Lust am Spiel

Tun Sie jeden Tag etwas aus Jux und Tollerei. Wann haben Sie zuletzt etwas getan, was nicht direkt Sinn machte, keine Pflicht war, sondern einfach Spaß machte? Nehmen Sie sich vor, einmal am Tag »Unsinn zu machen«. Finden Sie heraus, was Spaß macht, ohne »Sinn zu machen«.

Nehmen Sie sich vor, einmal im Tag Gewohnheiten zu durchbrechen

Je öfter Sie Ihre Routine durchbrechen und das Risiko eingehen, etwas zu tun, was Sie sonst nicht tun und das »keinen Sinn macht«, desto mehr baut sich in Ihnen die Risikobereitschaft auf. Geben Sie dem Zufall eine Chance, so dass das Glück eintreffen kann, auch wenn Sie es nicht »verdient« haben. Wie wollen Sie im Lotto gewinnen, wenn Sie sich nie ein Los kaufen? Wie wollen Sie neue Leute kennen lernen, wenn Sie nie jemanden, den Sie nicht kennen, einfach ansprechen? Wie wollen Sie neue Wege finden, wenn Sie es nie wagen, einen neuen Weg einzuschlagen?

Auch aus Zufallstreffern können Sie lernen: Schlagen Sie ein Buch irgendwo auf, lesen Sie irgendeine Stelle daraus, ohne die Zusammenhänge zu kennen. Sie können auch ein Orakel befragen, sich Karten legen oder legen lassen. »Glücksspiele« helfen Ihnen, Ihre gewohnten und alten, oft veralteten Erwartungsmuster zu durchbrechen. Je höher Ihr Einsatz ist, mit dem Sie dem Unerwarteten eine Chance geben, desto größer die Chance, dass etwas für Sie dabei herauskommt.

Bedenken Sie: Die Vergangenheit ist nicht die Zukunft, und die Zukunft liegt nicht in der Vergangenheit, sondern in der Gegenwart

Für den Erfolg ist Ihr jetziges Verhalten wichtiger als Ihre Vergangenheit, so etwa Ihre Herkunft und Ausbildung. Ihr Erfolg besteht darin, Misserfolge zu überwinden. Lieber ohne Vergangenheit leben als ohne Zukunft. Oft ist es nämlich so: Wenn Sie zu lange über einen Fehler nachdenken, machen Sie gleich noch einen.

Machen Sie sich klar: Alles steht und fällt mit Ihnen, mit Ihrer Person

Ihre Persönlichkeit ist es, die den Erfolg trägt und herbeizieht. Ihre Person kann Verantwortung übernehmen. Es ist Ihre Entscheidung, es ist Ihr Leben. Machen Sie sich nicht abhängig von äußeren Umständen, verlassen Sie sich nicht auf andere. Woran würden Sie merken, dass Sie sich der Verantwortung entziehen und diese auf andere übertragen? Gibt es Anzeichen dafür, die Sie frühzeitig erkennen können, wie Sie in dieses Fahrwasser geraten, so dass Sie es bewusst verlassen können?

Achten Sie auf Muster

Muster dienen der Früherkennung. Was kommt Ihnen bekannt und vertraut vor, was lässt Sie aufhorchen, genau hinschauen, zusammenfahren? Wann lässt sich fragen: Was zeichnet sich da ab? Was steckt dahinter? Wie hängt das alles zusammen? Haben Sie heute einen solchen Augenblick des Innehaltens erlebt und dazu genutzt, besser hinzuhören, sich bewusst aufzurichten und ins Lot zu bringen? Was hat Ihnen heute die Augen geöffnet?

Nutzen Sie alle Mittel, die Ihnen zur Verfügung stehen oder stehen könnten?

Haben Sie alles versucht? Haben Sie (heute) schon über Alternativen nachgedacht? Erfolg ist nicht Magie, sondern Methode und verlangt von Ihnen, systematisch vorzugehen. Am besten gewöhnen Sie sich an, alle Probleme, die Ihnen begegnen, nicht auf die gewohnte Tour anzugehen, sondern sich zu fragen: Was könnte anders sein? Was könnte ich anders machen?

Nehmen Sie einmal täglich Ihre Scheuklappen ab

Betrachten Sie die Welt ohne rosa (oder sonstwie gefärbte) Brille. Bedenken Sie, dass alle Weltbilder von Sehgewohnheiten beeinflusst werden. Fangen Sie jeden Tag einmal ganz von vorne an, als wären Sie noch ganz von früheren Erfahrungen unbelastet. Sicher: Es gibt Erfahrungen, aus denen wir Wertvolles gelernt haben, aber es gibt auch Umstände, wo das, was wir aus ihnen gelernt haben, nicht mehr anwendbar ist.

Haben Sie sich heute schon Sorgen gemacht?

Und, hat es etwas gebracht, außer Sorgen? Sich Sorgen zu machen verändert nichts; eher bewirkt es, dass genau das eintritt, was man in den Sorgengedanken beschwört. Können wir jedoch akzeptieren, dass manches im Leben gelingt und manches auch nicht, dann haben wir mehr Zeit, uns konstruktiv auseinander zu setzen mit unseren Möglichkeiten. Akzeptieren heißt, Kontrolle aufzugeben, wo sie unangebracht ist. Dadurch wird Energie frei.

Haben Sie heute schon Ihren Wunschgarten betreten?

Ein reges Wunschleben pflegen ist wie einen Garten zu bepflanzen – manche Samen gehen auf, andere nicht. Wenn Sie einen Zauberstab hätten und mit einer Bewegung alles ändern könnten, Ihr Leben, Ihre berufliche Situation, sich selbst – was würden Sie als Erstes verändern wollen? Rufen Sie öfter Ihre Wunschträume ab und beobachten Sie, ob es Veränderungen in Ihrer Wertsetzung gibt.

Selbstvertrauen ist wie ein Gesundheitsvirus, der sich als Antikörper im ganzen Organismus verbreitet.

Stärken Sie Ihr Immunsystem und nehmen Sie sich vor, nichts halbherzig tun. Riskieren Sie, anspruchsvoll zu sein. Ihre Risikobereitschaft baut auf dem Bewusstsein auf, dass die gegenwärtige Lage, Haltung und Stellung Ihre eigene Wahl ist und dass Sie nicht dazu verurteilt sind, sie beizubehalten. Sie sind frei, Veränderungen anzustreben, und haben das Recht darauf, sich Optionen freizuhalten und Alternativen zu bedenken.

Haben Sie heute Anerkennung bekommen und gegeben?

Anerkennung gibt Auftrieb. Klar, das Engagement wächst, wenn jemand unseren Einsatz schätzt. Und wenn niemand da ist? Gleichgültigkeit und Auswegslosigkeit drosseln die Energie. Deshalb machen Sie einen Punkt, einen Pluspunkt, und würdigen Sie den Einsatz, den Menschen leisten, auch den eigenen. Eine wertschätzende Haltung sich selbst und anderen gegenüber hilft, den Glauben an den Erfolg wachzurufen.

Waren Sie heute effektiv in Ihrer Arbeit?

Hat es sich gelohnt zu arbeiten? Sie werden nicht dafür belohnt, wenn Sie sich abstrampeln. Großer Aufwand und viel Mühe sind kein Erfolgsfaktor, auch wenn sie dafür gehalten werden. Je mehr Sie sich ins Zeug legen und sich umsonst all die Mühe machen, desto mehr erschöpfen Sie sich und verlieren die Lust, überhaupt weiterzumachen. Erkennen Sie Frustration schon im Keim und brechen Sie ab, um etwas anderes auszuprobieren. Oder gönnen Sie sich zumindest eine Unterbrechung, um auf neue Gedanken zu kommen und neue Kraft zu schöpfen.

Haben Sie das Gefühl, heute Zeit totgeschlagen zu haben?

Fanden Sie Ihr Leben heute lebenswert? Machen Sie es wie der Feinschmecker und nicht wie der Vielfraß: Richten Sie sich nach Qualität statt Quantität: Das Leben ist kein Nullsummenspiel. Ein Nullsummenspiel führt, wer nur so viel Geld auszugeben bereit ist, dass keine Schulden entstehen. Jede Ausgabe muss also durch eine Einsparung balanciert werden. Aber diese Rechnungen sind quantitativ gedacht und berücksichtigen nicht die Qualität. Bestellen Sie nicht das Menü, nur weil es billig ist. Zeit etwa ist nicht nur quantitativ zu messen. Bauen Sie auf Ihr Engagement und Ihren Sinn für Qualität. Überlegen Sie sich, wie Sie Ihre Zeit am besten nutzen möchten und entsorgen Sie Qualitätsdämpfer.

Leiden Sie unter ständigem Druck?

Was haben Sie heute dazu getan, den Druck abzubauen? Jeden Tag etwas zu tun vermindert den Druck, alles auf einmal schaffen zu müssen.

Wie war heute Ihr Appetit auf mehr Leben und Lebendigkeit?

Appetit ist ein instinktiver Regulationsmechanismus. Ein gesunder Appetit zeigt, dass die Instinkte wach sind und funktionieren. Sie erhalten uns am Leben, und wir müssen nichts bewusst dazu tun, um diesen Selbsterhaltungsinstinkt zu wecken. Erfolgswille und Leistungsmotivation kann mit Appetit verglichen werden. Finden Sie etwas, was Ihren Appetit auf Erfolg wachhalten kann. Warten Sie nicht auf den Erfolg – das dämpft den Appetit. Schlucken Sie nicht den Frust in sich hinein. Erlauben Sie sich, Ihren Erfolg mit dem richtigen Biss zu planen.

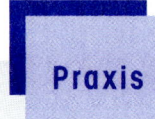

Rückschau am Abend

Eine tägliche kurze Rückschau schafft mehr Klarheit, hilft beim Planen und beim Sammeln von Kraft- und Erfolgspunkten. Versetzen Sie sich in einen entspannten Zustand, in dem es Ihnen gelingt, den vergangenen Tag Revue passieren zu lassen, ohne die Revue durch erboste Zwischenrufe, ironische Kommentare oder emotionales Drama zu stören. Betrachten Sie Ihre Tagesrevue mit innerem Abstand, lehnen Sie sich weit zurück in Ihrem Regiestuhl, atmen Sie tief durch. Beobachten Sie, ohne einzugreifen. Stellen Sie sich diese Fragen, ohne Kritik zu üben.

- Wann und wie ist es mir heute gelungen, Dringendes zu erledigen und trotzdem Wichtiges von Unwichtigem zu trennen?

- Wo bin ich hängen geblieben? Wo bin ich in eine Falle gegangen?

- Wo habe ich faule Kompromisse geschlossen?

- Was hat mich meinem Ziel näher gebracht?

- Was hat mich rechtzeitig Ablenkungen oder andere Gefahren wittern lassen? Bin ich meiner Nase gefolgt und habe die Spur meines Erfolgs aufgenommen?

- Was hat mich abgebremst, wo fühle ich mich gehindert? Wo befinden sich die Schlaglöcher auf meiner Erfolgsstraße?

- Wann habe ich gegen meine Energiekurve gearbeitet, wann bin ich mitgegangen und in Schwung gekommen, im Fluss gewesen?

Die **Kunst**, mit Veränderungen **mitzugehen**

Ständige Veränderung? Für viele Menschen eine Horrorvorstellung. Und das soll auch noch glücklich machen? Auf den ersten Blick ist dieser Ausspruch des Konfuzius nicht nachzuvollziehen. Aber auf den zweiten Blick erweist sich seine Weisheit als wichtige Orientierungshilfe in einer zunehmend veränderlichen Welt.

Nichts bleibt, wie es ist. Die Jahreszeiten gehen ineinander über, ob wir es wollen oder nicht. Natürlich könnten wir in Länder reisen, in denen es immer Frühling oder immer Sommer ist. Aber hat nicht jede Jahreszeit auch ihren Reiz? Das Leben ist ein Fluss. Als Filmtitel klingt das schön, aber das entsprechende Lebensgefühl ist ein wenig melancholisch, denn durch die Veränderlichkeit des Lebens werden wir mit seiner Vergänglichkeit konfrontiert. Alles fließt, nichts bleibt gleich. Auch wir selbst verändern uns ständig. Die kleinen Veränderungen entgehen unserer Wahrnehmung, aber die großen Einschnitte zeigen uns, dass wir ähnlich wie die Jahreszeiten in der Natur durch bestimmte Phasen des Lebens gehen. Wir kennen das Auf und Ab, das Hoch und Tief. Kaum haben wir uns an einen Zustand gewöhnt, werden wir mit neuen Anforderungen konfrontiert. Sind wir noch wir selbst, wenn wir nicht »ganz die Alten« sind? Das Echte von gestern kann morgen schon unecht wirken. Und der größte Feind unseres Erfolges ist der Erfolg von gestern, da er uns hindert, uns ganz auf die Gegenwart einzustellen.

Immer wieder schieben sich Gedankengebäude und Ideen, wie die Wirklichkeit auszusehen habe, vor das unmittelbare Erleben der Wirklichkeit selbst. Die meiste Zeit sind wir befangen und begrenzen uns, indem wir uns auf einen Typ festlegen. Wie oft sagen wir uns selbst: Ich bin nicht der Typ dazu! Kennen Sie die Ausreden, die mit dem Wörtchen Wenn beginnen?

> Wer ständig glücklich sein möchte, muss sich oft verändern.
> *Konfuzius*

Wenn ich jünger wäre ...

Wenn ich älter wäre ...

Wenn das damals anders gelaufen wäre ...

Wenn ich anders aussehen würde ...

Wenn ich ein Mann wäre ...

Wenn ich nicht geheiratet hätte ...

Wenn ich mein Studium abgeschlossen hätte ...

Wenn ich woanders leben würde ...

Wenn ich mehr Geld hätte ...

(Sie können die Liste vervollständigen.)

Hinter diesen Ausreden stehen persönliche Glaubenssätze, mit denen wir unsere Verhaltensgewohnheiten rechtfertigen und ihnen ewige Gültigkeit verleihen. Damit nehmen wir uns die Möglichkeit, uns neu zu erleben und dennoch »ganz die Alte«, d.h. so viel wie ganz authentisch zu sein. Doch eingefleischte Gewohnheiten zu verändern ist schon deswegen nicht leicht, weil, auch wenn das Fleisch willig ist, das gewohnte Selbstbild in Frage gestellt wird und die Person aus dem Gleichgewicht gerät. Solche Phasen der Umordnung können als Unordnung und Chaos erlebt werden und stark verunsichern. Doch wenn Sie authentisch und erfolgreich sein möchten, müssen Sie nicht nur damit rechnen, sondern auch dazu bereit sein, sich ständig zu verändern.

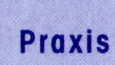

Praxis

Entspannungsübung
Im Kreislauf der Jahreszeiten

Diese Übung können Sie am besten vor dem Einschlafen machen.

1. Denken Sie an die Jahreszeiten und lassen Sie vor Ihrem inneren Auge Bilder aufsteigen, die die Jahreszeiten von ihrer schönsten Seite zeigen. Vielleicht fallen Ihnen typische Postkartenansichten ein: erstes Grün, Mandelblüte, reife Ährenfelder, Herbstlaub, verschneite Wälder.
2. Ordnen Sie diese Bilder in einem Kreislauf an. Lassen Sie das erste Grün Blätter treiben und die Knospen in die Blüte übergehen, die Blüte in die Frucht, lassen Sie die Frucht zu Boden fallen, zusammen mit dem Laub, das der Sturm umherwirbelt. Lassen Sie es schneien und den Schnee sich zu einer weißen Decke auftürmen. Lassen Sie den Schnee schmelzen, das erste Grün sich zeigen. Ein Bild wechselt das andere ab, wobei die Übergänge fließend gestaltet sind, wie in einer Diashow mit kunstvoller Überblendung.
3. Bewegen Sie die geschlossenen Augen, als würden Sie den Kreislauf verfolgen. Achten Sie darauf, dass die Augenbewegung wie in Zeitlupe, gleichmäßig und rund verläuft. Achten Sie darauf, dass Sie den Atem nicht anhalten, sondern ruhig weiteratmen. Vielleicht gelingt es Ihnen, Ihren Atem wie eine weich fließende Musik zu hören. Vielleicht hilft Ihnen auch eine sich stetig wiederholende Musik, die in Ihnen den Eindruck von Kontinuität hervorruft und Sie durch die einzelnen Phasen trägt (z.B. Pachelbels Kanon).
4. Vielleicht möchten Sie den Kopf leicht im Kreis drehen, um besser mit den Rhythmen im Kreislauf in Kontakt zu bleiben. Jetzt vergegenwärtigen Sie sich den Grund für den Wechsel in den äußeren Erscheinungsformen: Sie sehen einen Baum vor sich. Sie wissen, im Frühling steigt der Saft auf. Im Herbst zieht sich der Saft zurück, bis er im Winter als Reserve unter der Erde in den Wurzeln konzentriert wird. Sie »sehen« das Auf und Ab des Saftes, das Austreiben und Zurückziehen in der Na-

tur. Sie gehen mit den Rhythmen mit, atmen weiter, lassen sich von der Kontinuität tragen. Vielleicht kommen Ihnen Sätze oder Worte in den Sinn, die die rhythmische Abfolge der Wechsel und die Kontinuität, die sich dahinter verbirgt, nachvollziehen: Irgendwie geht es immer weiter, auch wenn die äußeren Umstände sich verändern, bleibt etwas in uns selbst immer gleich, und auch wenn unsere inneren Zustände wie Launen sind, die vorübergehen, so gibt es in der Natur Rhythmen, die sich wiederholen. Alles hat seine Zeit. Und gleichzeitig ist das Leben in jedem Augenblick neu.

In jedem Augenblick kann ich mich neu auf die Umstände einstellen. Anders als der Baum kann ich selbst bestimmen, wann ich meine Energie investieren und mich engagieren möchte oder wann ich den Wunsch habe, durch Rückzug Reserven aufzubauen und mich zu regenerieren. Dazu ist es jedoch wichtig, ein Gefühl dafür zu entwickeln, wo ich eigentlich stehe, in welcher Phase ich mich gerade befinde und welches Verhalten meinem inneren Entwicklungsstand entspricht. Nun kommen von außen noch die Herausforderungen hinzu. Sie regen dazu an, sich ganz auf die Außenwelt zu konzentrieren und den Umständen entsprechend sich anzupassen. Doch Authentizität – das Gefühl, aus innerer Notwendigkeit heraus zu handeln – entsteht weder ausschließlich im Rückzug noch im Ausdruck, sondern in Abstimmung auf das, was gerade läuft – innen wie außen.

> *Wenn ich weiß, was ich tue,*
> *kann ich tun, was ich will.*
> Moshe Feldenkrais

Entwicklungsprozesse haben ihre Eigenbewegung. Und sie brauchen Energie, um nicht zu versacken, sich zu erschöpfen, im Sande zu verlaufen. Woher kommt diese Energie? In der Natur sind es die genetischen Programme, die den Ablauf regeln, in dem sie ihn vorprogrammieren. Einem Baum steht es nicht frei, seine Blätter zu behalten, weil er sagt: Wer bin ich als Baum ohne Blätter? Kommt gar nicht in Frage! Ein Mensch kann allerdings an seinem Selbstbild festhalten, auch wenn es schon längst nicht mehr aktuell ist. Ein Mensch hat aber auch die Freiheit, Veränderungen zu bejahen und als Entwicklungschancen zu nutzen. Leidensdruck ist kein ideales Motiv für Veränderung, denn Leiden lähmt, raubt Energie, raubt die letzten Reserven, schwächt. Das kann dazu führen, aus dem Gefühl von Hilflosigkeit und Ohnmacht sich endgültig aufzugeben, passiv alles mit sich geschehen zu lassen. »Was soll's, man kann doch nichts machen. Es kommt so, wie es kommt« ist eine Haltung, die dahinvegetieren lässt. Resignation bringt den psychischen Stoffwechsel zum Erliegen. Es findet kein Austausch mehr statt. Freiwillig und bewusst mit den Veränderungen mitzugehen hingegen gibt Energie. Paradoxerweise entsteht der Eindruck, aktiv an den Veränderungsprozessen beteiligt zu sein und die Wahl zu haben, Entscheidungen zu fällen, also die Freiheit zu besitzen, selbst etwas zu tun und nicht nur abzuwarten.

Schon das allmorgendliche Aufstehen bedeutet für viele Menschen einen Kraftakt, der einige Entschlossenheit und Willenskraft voraussetzt. Und dann sich im Beruf einzubringen – mit eigenen Ideen und Vorschlägen, mit Entscheidungen, die eigenständig und verantwortungsvoll getroffen werden, mit Initiative und Engagement –, all das erfordert Aktivität. Etwas muss in Schwung kommen, darf nicht auf der Stelle treten, muss ausstrahlen und andere mitreißen, anmachen, überzeugen, motivieren. Von der passiven Dulderhaltung zur aktiven Teilnahme am Geschehen ist es ein entscheidender Schritt. Und wie lässt sich ein solcher Aktivitätsschub einleiten, wenn

er sich nicht von selbst einstellt? Wie entwickeln Sie die nötige Eigen-
energie, um das Leben mit seinen Aufgaben und Wagnissen immer
neu anzupacken? Am besten und leichtesten über die körperliche Bewegung. Lassen Sie sich animieren! Nicht umsonst gibt es zahlreiche
Animationsangebote in Sport und Spiel. Die Erfahrung zeigt, dass es
sich lohnt, mal auszusteigen aus den eigenen Gewohnheiten und
umzusteigen in neue Verhaltensmuster, die sich spielerisch ausprobieren lassen. Ihr innerer Schweinehund verhindert, dass Sie Diäten
halten und Sport betreiben? Ein Hoch auf den Schweinehund! Er
weiß, was er will. Vielleicht ist er der geborene Animateur?

Lassen Sie sich von Ihrem inneren Schweinehund animieren

Machen Sie mit ihm einen Deal aus: Immer wenn er Sie daran hindert, Ihre ach so guten Vorsätze (Diät halten, Sport treiben, morgens
früh aus dem Bett hinein in die Joggingklamotten) in die Wirklichkeit umzusetzen, geben Sie nach, unter der Bedingung, dass er einen
Gegenvorschlag einbringt, der sie zu einer anderen (lustvolleren) Aktivität animiert. Zapfen Sie seine Kreativität und Intelligenz an, statt
ihn einzusperren und kuschen zu lassen. Fragen Sie ihn so oft wie
möglich: Nun, mein Lieber, welches Animationsprogramm hast du
für heute vorgesehen?

Indem Sie sich mit Ihrem Schweinehund verbünden und ihm
Auslauf gewähren, wenn er laut kläffend und schwanzwedelnd sich
danach sehnt, endlich mal raus aus der Bude zu kommen, sich in der
frischen Luft auszulüften, wird die Durchblutung gefördert, der
Stoffwechsel angeregt. Sie sind wieder in Kontakt mit der Welt. Das
gibt Farbe, lässt die Augen glänzen, der Körper drückt aus, wie der
Mensch beieinander ist. Er drückt aus: Hier bin ich! Ich bin ganz da!

Ganz Ohr, ganz wach, ganz offen und aufgeschlossen, ohne Vorbehalte und Vorurteile, ganz aufnahmebereit für Neues! Eine solche Gegenwärtigkeit hat ihren untrüglichen Charme, eine ganz unmittelbare Natürlichkeit, die sofort anspricht. Präsenz ist das A und O einer Persönlichkeit mit Ausstrahlung. Wer immer in Gedanken versunken vor sich hin trödelt, macht wenig her und wird mit seinen Produkten und Angeboten kaum Anklang finden. Wenn Sie es sportlich mögen, wäre auch der regelmäßige Besuch in einem schönen Fitnessstudio die Gelegenheit, einen Sitzberuf durch regelmäßiges Training aufzulockern. Frustration kann ausagiert werden. Und die Lust an der Bewegungsfreiheit und Beweglichkeit kommt ganz nebenbei.

Und es gibt noch eine besonders angenehme Art, sich aus den alltäglichen Grübeleien herauszureißen und in die Gegenwart hineinzuholen: das Genießen. Genießen ist eine Kunst, im Augenblick aufzugehen. Können Sie genießen? Wann haben Sie sich das letzte Mal wirklich dem Genuss ganz hingegeben? Und auf welcher Ebene gelingt es Ihnen am leichtesten, abzuschalten, auszusteigen aus dem Berufstrott, den Kopf frei zu kriegen und sich von Ihren Sinnen verführen zu lassen? Die sinnliche Verführung könnte ein erster Hinweis für Sie sein, wo es für Sie im Leben lang geht, wo sich neue Wege öffnen, und Türen, die schon lange offen gestanden haben, nun zum Durchgang in neue Räume werden. Denken Sie um: Genuss ist nicht unnötiger Luxus, sondern eine wichtige Disziplin der Lebenskunst. Genuss ist nicht zu verwechseln mit Laster und Suchtverhalten, Egoismus, Faulheit, Passivität! Die Kunst zu genießen hilft Ihnen, leidige Alltagsgewohnheiten zu durchbrechen und zu selbstbestimmter Initiativfreude (zurück) zu finden.

Sich von den Sinnen verführen lassen

● Finden Sie heraus, welcher Ihrer fünf Sinne Sie am besten aus Ihrem Gewohnheitstrott herausholen kann. (Horchen Sie manchmal auf, wenn etwas Ihr Interesse weckt? Schnuppern Sie gerne mal, um sich einen ersten Eindruck zu verschaffen? Lassen Sie Ihre Augen weiden, um sie sich von Sehgewohnheiten erholen und entspannen zu lassen? Kommen Sie langsam auf den Geschmack, wenn Sie etwas Neues ausprobieren? Müssen Sie alles anfassen, um wirklich überzeugt zu sein, dass etwas taugt? Mögen Sie Körperkontakt und brauchen ganz konkret Ihre Streicheleinheiten, um in der Gegenwart zu sein?

● Finden Sie heraus, wie Sie sich selbst ein Sinnesfest bereiten können und den sinnlichen Genuss in Ihr Tagesprogramm integrieren können. (Konzertbesuche? Ein gutes Parfum? Frische Blumen auf dem Schreibtisch? Gutes Essen? Massagen und/oder körperliche Bewegung, Tanz?)

● Wichtig: Achten Sie darauf, dass Sie diese Sinnesfeste wenn nötig auch allein und unabhängig von anderen gestalten können. Das heißt nicht, dass es nicht zu zweit noch mehr Genuss ist. Aber manchmal findet sich kein Zweiter und auch dann sollte das Leben gefeiert werden.

● Achten Sie darauf, dass Ihre Sinnesgenüsse Ihrem Wohlbefinden dienen und gesund sind – vermeiden Sie Suchtangewohnheiten und Exzesse bzw. ersetzen Sie sie durch eine ausgewogene, bedachte und gezielte Genießerkultur.

Authentizität heißt nicht: Immer machen, wonach mir gerade ist

Authentisch sein heißt nicht autistisch, autoritär, autark oder autonom zu sein. Obwohl es nahe liegt, dass ein authentischer Mensch in gewissem Grade auch Autorität besitzt und sich nicht von anderen abhängig macht, soweit dies möglich ist, ist er kein Einzelgänger oder Einzelkämpfer. Er ist kein Automat. Und auch nicht krank – Autismus ist eine krankhafte Persönlichkeitsentwicklung, die sich durch Teilnahmslosigkeit und völligen Verlust des Kontakts zur Umwelt äußert. Authentizität geht mit Bewusstheit einher.

Am besten lässt sich das in Bezug auf unsere Macken, auf die kleinen Störungen, Fehler und Verletzungen nachvollziehen. Jeder Mensch hat seine Geheimnisse. Manche Menschen haben Schwereres als andere hinter sich. Manche Menschen sind damit fertig geworden und andere nicht. Wo liegt der Unterschied? Es gibt so etwas wie einen inneren Entschluss, aufzuräumen, sich selbst zu sanieren und dann neu durchzustarten. Falls Sie Hilfe brauchen, lassen Sie sich helfen! Es ist ein Investment in Ihre eigene Sache.

Macken sind Hiebe und Schläge, die uns das Leben beibringt. Das Wort kommt aus dem Jiddischen und leitet sich vom Hebräischen ab. Es bedeutet ursprünglich Hieb, Schlag, Verletzung. Macken sind also Spuren, die das Leben hinterlassen hat, Narben und Falten – wohin damit? Sollen wir sie überschminken? Sie ausglätten und wegbügeln? Darum geht es eigentlich nicht. Das Problem ergibt sich erst dann, wenn sich jemand mit seiner Macke identifiziert und darauf besteht, sie mache sein wahres Wesen aus. Erst dann ist der Verzicht auf die Macke gleichbedeutend mit dem Verlust an Authentizität. Erst dann fühlt sich eine Person, die ihre Macken nicht echt und aufrichtig zu allen passenden und unpassenden Gelegenheiten zeigt, sondern hinter einer Maske der stromlinienförmig geschleckten Umgangsform verbirgt, als verlogen oder zumindest verlegen.

Ein Stolperstein auf dem Weg zur intelligenten Anpassungsleistung ist die Identifikation mit der einen oder anderen Macke, die im persönlichen Leben als durchaus liebenswerte Eigenart durchgehen kann, aber nichts im Berufsleben zu suchen hat. Macken sind liebenswert, weil sie dem Perfektionismus die Stirn bieten und verhindern, dass wir zu einer unpersönlichen Nummer im anonymen Getriebe der modernen Zeiten verkommen. Aber Macken sind nicht Hinweise auf eine überragende Intelligenz (vor allem was die soziale Intelligenz angeht) und können manchmal ganz schön nerven, wenn sie zu unpassender Gelegenheit auftauchen. Gut, Genies können sich Macken leisten – meinen sie zumindest. Aber das macht den Umgang mit Genies nicht einfacher. Und Macken sind kein Hinweis auf Genialität.

Wohin mit den (lieb gewordenen) Macken?

Ich bin eben so, werden manche Leserinnen sagen und sich fragen: Muss ich nun auf »sozial und kompetent« machen, muss ich wirklich diese Masche durchziehen und mich dementsprechend durchstylen? Die klare Antwort ist: Nein. Authentizität beruht auf einer Deckungsgleichheit (Kongruenz) der einzelnen Persönlichkeitsanteile, die unter einen Hut gebracht werden müssen. Innere Widersprüche gehören zu jeder persönlichen Entwicklung dazu. So etwa widerspricht sich Altes und Neues. Das Alte ist das Gewohnte, das Neue ist aber noch ungewohnt. Es sitzt noch nicht ganz, ist noch nicht in Fleisch und Blut übergegangen, wirkt vielleicht ein wenig angelernt oder abgeschaut, nicht natürlich, sondern künstlich. Ist das aber ein Grund, nie ein neues Verhalten auszuprobieren? Wir alle haben die Neigung, uns in einem gewohnten Gleichgewicht einpendeln zu wollen, und Gewohnheiten sind die Mittel dazu. In den Gewohnheiten lässt es sich gemütlich wohnen, aber ab und zu steht ein Umzug an, und dann wird es ungemütlich. Das gute alte Gleichgewicht – es ist dahin. Ein Mensch, der oft seine Gewohnheiten wechselt und ein ungewöhnliches Leben führt, wirkt oft ungemütlich. Er ist schwer einzuschätzen, ist nicht berechenbar. Aber er muss nicht unauthentisch wirken, sondern kann gerade in seiner schrägen Art sehr echt und aufrecht sein.

Kongruenz stellt sich dann her, wenn die Person zu sich steht. Die Widersprüche sind da, aber sie müssen nicht verborgen werden. Sie müssen allerdings auch nicht besonders herausgekehrt werden. Etwas ist unfertig, im Umbau. Das ist doch spannend! Das muss auch nicht stören. Störend wird es nur, wenn die Person es selbst nicht wahrhaben will, dass sie etwas »nicht auf die Reihe kriegt« oder nicht verarbeitet und integriert hat. Authentizität hat also mit Bewusstheit zu tun. Das Bewusstwerden schafft Kongruenz, als ob die Person sagen würde: Ich habe alles im Blick, auch wenn ich es noch nicht im Griff habe. Unauthentisch wirkt eine Person, der man anmerkt, dass sie innerlich wegschaut.

Tipp

- Lächeln Sie Ihren Macken zu.
- Sie gehören zu Ihnen, aber das muss nicht immer alle Welt mitkriegen.
- Hauptsache, Sie stehen dazu, nicht perfekt zu sein.
- Und: Manche Macken haben ein Verfallsdatum, nach dem sie einfach nicht mehr so viel Charme haben und auch keinen richtigen Zweck erfüllen. Sie könnten ebenso gut auch darauf verzichten. Dann tun Sie das. Lassen Sie die Macken abdanken und schicken Sie sie in Pension.

Stellen Sie sich vor: Da gibt es eine bestimmte Eigenschaft in Ihnen, von der Sie immer dachten, sie sei ein unentbehrlicher Teil Ihres Charakters. Ohne diese Eigenschaft wären Sie nicht mehr Sie selbst. Sie wären anders, vielleicht für die äußeren Umstände mehr geeignet, aber Sie hätten das Gefühl, etwas Wesentliches ginge Ihnen verloren. Und nun kommen Sie in eine Situation, in der genau diese Eigenschaft nicht erwünscht ist, nicht mehr passt, veraltet erscheint, ausgemustert wurde – sind Sie flexibel genug, sich auf die Umstände einzustellen, ohne Ihr Wesen zu verraten? Achten Sie auf innere Sätze wie:

Was, ich?! Das habe ich noch nie gemacht.

Dazu bin ich nicht der Typ.

Dazu bin ich zu jung.

Dazu bin ich zu alt.

Dazu bin ich zu introvertiert.

Dazu bin ich zu extrovertiert.

Dazu bin ich zu emotional.

Dazu bin ich zu rational.

(Sie können die Liste vervollständigen.)

Warum schränken Sie sich unnötig ein? Wer legt denn fest, wie alt man zu sein hat, um etwas Bestimmtes zu tun? Meist ist es das Kritiker-Ich, das hier spricht und Ihnen etwas verbieten will. Erinnern Sie sich daran, dass auch andere Parteien in Ihrem Innenleben eine Lobby haben. Lassen Sie sich das neue Parteiprogramm der Oppositionsparteien vorstellen. Vielleicht peilen sie Veränderungen an, die zu spannenden, Erfolg versprechenden neuen Ufern führen?

Tipp

Bejahen Sie Veränderungen

Verwandeln Sie Ihre ungeliebten Restposten in kraftvolle Potentiale. Motivieren und mobilisieren Sie sich. Leben ist Bewegung. Auf den Winter kommt der Frühling. Und wer gut vorgesorgt hat, kann zum richtigen Zeitpunkt wieder voll loslegen. Lernen Sie vorauszudenken und die Konsequenzen Ihres Verhaltens immer wieder neu einzuschätzen. Wo stehen Sie? Wo geht es mit Ihnen hin? Wohin möchten Sie auf keinen Fall gelangen? Was ist Ihre Lieblingsvision? Was wäre das Beste, was Ihnen passieren könnte?

Nachwort

Body-Mind-Alltagsrituale

Es gibt nicht den einen richtigen Weg, wie wir sein müssen, um authentisch zu sein. Dazu ist unser Innenleben viel zu komplex, dazu sind zu viele unserer Aspekte gleichzeitig unter der Oberfläche anwesend – erinnern Sie sich an die verschiedenen Parteien im Parlament Ihres Innenlebens.

Stellen Sie sich etwa vor, Sie werden zu Ihrer Chefin zitiert, die beginnt, Ihnen wegen einer längst vergangenen Lappalie ernste Vorwürfe zu machen. In einer solchen Situation werden viele unterschiedliche Impulse sich melden: z.B. entrüstet in die Offensive zu gehen, erschrocken in die Defensive zu gehen, kopfschüttelnd abzuwiegeln, sachlich zu argumentieren ... Je nach Ihrem Temperament, Ihren Erfahrungen in der Vergangenheit und Ihrer Tagesverfassung wird normalerweise ein Aspekt die Oberhand gewinnen, ohne dass Sie überhaupt darüber nachdenken. Manche gehen bei unsachlicher Kritik vielleicht gleich an die Decke. Manche tendieren vielleicht dazu, in Kritiksituationen grundsätzlich klein beizugeben, weil sie nicht wissen, wie sie sich durchsetzen können. Gefangen in einer solchen automatischen Reaktion haben sie wenig Chancen, die inneren Kräfte wahrzunehmen, die über die ungerechtfertigte Kritik empört sind, die sich sehr wohl trauen zu widersprechen oder die das Ganze so absurd finden, dass sie darüber lachen möchten.

Je mehr Sie Ihr Gespür für diese innere Vielfalt entwickeln, desto leichter ist es, authentisch zu sein. Atmen Sie tief durch und nehmen Sie sich ein paar Sekunden Zeit, den inneren Aufruhr zu betrachten. Wenn Sie dann wahrnehmen, dass in Ihnen Angst vor einer Konfrontation besteht, können Sie eine bewusste Entscheidung treffen, die Konfrontation zu vermeiden. Genauso authentisch könnten Sie diese Angst wahrnehmen und bewusst den Entschluss fassen, der Empörung Energie zufließen zu lassen und Ihrer Chefin Kontra zu geben. Oder aber Sie nehmen für einen Moment die Angst ebenso wie die Empörung wahr und entscheiden dann, dass Sie die Gefahr, einen Streit zu beginnen, zu groß finden und dass Sie sich lieber erst einmal ruhig anhören, was Ihre Chefin zu sagen hat, um dann entspannt zu fragen, was sie denn nun von Ihnen erwartet. So lange Sie die Gefühlslagen hinter diesen Entscheidungen wahrnehmen, ist keine Reaktion weniger authentisch als die andere.

Schließlich ist der Wunsch nach Authentizität nichts, womit Sie sich unter Druck setzen sollten. Authentischer werden heißt vielmehr, Ihre Vielschichtigkeit wahrzunehmen und selbst-bewusst zu entscheiden, was davon Sie nach außen tragen möchten.

Diese Bewusstheit können wir trainieren. Unser Bodymind funktioniert wie unser Unterbewusstes: Es möchte mit sinnlichen Eindrücken und Leitbildern gefüttert werden und verändert seine Gewohnheiten nur dann, wenn es durch die Wiederholung kleiner Alltagsrituale dazu angeregt wird. Hier finden Sie fünf Alltagsrituale, die Sie sich an den fünf Fingern abzählen können.

Stärkende Alltagsrituale

1. Der Daumen erinnert Sie an Ihr authentisches Selbstgefühl, an den körperlichen Zustand, in dem Sie sich befinden, wenn Sie sich authentisch fühlen. Immer wenn Sie sich unsicher sind, strecken Sie den Daumen aus und lassen sich von dem Körpergefühl »Authentizität« leiten.

2. Der Zeigefinger weist Ihnen zielgerichtet einen Weg, wie Sie Initiative ergreifen und aktiv werden, konstruktiv mit schwierigen Gefühlen umgehen, statt sich selbst aufzugeben und passiv alles mit sich machen zu lassen. Immer wenn Sie mit Energie fressenden Gefühlen konfrontiert sind, spannen Sie den Zeigefinger wie Pfeil und Bogen und richten Ihre Aufmerksamkeit auf Ihr Ziel, das Ihnen Energie gibt.

3. Der mittlere Finger hat die Kraft der ganzen Hand zur Verfügung: So aktivieren Sie Ihre Potentiale, ergreifen die Chancen und erreichen Ihre Ziele. Immer wenn Sie sich verzetteln, sammeln Sie die Kraft in Ihrer Hand, die Sie zu einer lockeren Faust ballen oder zu einem Stoppschild aufrichten können.

4. Der Ringfinger erinnert Sie daran, dass Sie mächtige Verbündete haben, wenn Sie mit der Zeit arbeiten, statt gegen sie. Immer wenn Sie merken, dass Sie keine Zeit haben, berühren Sie Ihren Ringfinger, atmen Sie tief durch und stellen sich vor, wie Sie durch einen mächtigen Zauber dem alltäglichen Stress die Stirn bieten.

5. Der kleine Finger ist wie ein Fühler, der wahrnimmt, was in der Luft liegt und was Veränderungen bringt. So können Sie Veränderungen nutzen und den eigenen Erfolg verstärken. Immer wenn Sie im Unklaren sind, was eigentlich läuft und wohin die Entwicklungen gehen, strecken Sie Ihren kleinen Finger wie einen Fühler aus und überlassen sich Ihren Eindrücken, ohne zu werten und zu deuten. Oft erhalten Sie aus dem Unterbewussten und von Ihrem Körper Signale, die Ihnen wichtige Botschaften übermitteln.

Dank

Dank an unsere Lektorin Heike Mayer. Ohne sie wäre das Buch nicht zustande gekommen.

Dank an die Absolventen und Absolventinnen der Ausbildung zum systemischen Coach am IOS/ISCO AG Berlin. Die Protokolle waren eine große Hilfe für uns.

Marion Eckhardt, info@marioneckhardt.de, Tel. 040/422 40 11

Günter Peters, www.coaching-info.biz, gpeters@coaching-info.biz, Tel. 030/44 35 69 82

Kerstin Schulz, Heidenfeldstrasse 2, 10249 Berlin, kschulz@web.de, Tel. 0173/537 87 04

Jürgen Decke, Brunnerstr. 7a, 91227 Leinburg, Tel. 09120/18 10 80

Wilfried Neßhöver, Paradestr. 5, 12101 Berlin, Tel. 030/78 61 431 DSTTEMPELHOF@t-online.de

Peter Borkopp, Brunhildstr. 7, 10829 Berlin, 030/788 99 252

Kerstin Meier, Bernstoffstr. 118, 22767 Hamburg, www.public-roses.de, Tel. 040/38 61 65 08

Dank an Ingrid Holler, Coach und Trainerin, für die Anregung zu den »Übersetzungshilfen« auf Seite 59. Sommerstr. 12, 81543 München, 089/651 55 02, www.lets-train.de

Dank an das Unsölds Fitnessstudio für Frauen in München mit seinen Angeboten in Yoga, Pilates, Feldenkrais, Afro, Salsarobic, Thai Box und Chi Ball, Bodystyling. Marstallstr. 8, 80539 München, Tel. 089/29 16 07 94, www.unsoelds.de

Literatur

Barbara Berckhan: *Keine Angst vor Kritik. So reagieren Sie souverän.* (Buch und CD) München 2003
Barbara Berckhan: *So bin ich unverwundbar. Sechs Strategien, souverän mit Ärger und Kritik umzugehen.* München 2000
Regina Först: *Ausstrahlung. Wie ich mein Charisma entfalte.* München 2002
Kay Hoffman: *Charisma-Training für Frauen. Die inneren Stärken zeigen.* München 1999
Kay Hoffman: *Rundum gesund. Anleitung zum ganzheitlichen Wohlbefinden. Mit 64 Gesundheitsmeditationen.* Zürich 2002
Kay Hoffman: *Das Tao des erfolgreichen Selbstmanagements.* Schiedlberg 2003
Ingrid Holler: *Arbeitsbuch Gewaltfreie Kommunikation.* Paderborn 2003
Anja Kolberg: *Mit 40 reif für den Traumjob! Selbstbewusstseins-Training für Frauen, die es noch mal wissen wollen.* München 2001
Elisabeth Mardorf: *Wer immer geradeaus geht, kommt nicht weit. Dem Leben eine neue Richtung geben.* München 2001
Gabriele Müller/Kay Hoffman: *Systemisches Coaching. Handbuch für die Beraterpraxis.* Heidelberg 2002
Gabriele Müller: *Systemisches Coaching im Management. Das Praxisbuch für Neueinsteiger und Profis.* Weinheim 2003
Nitzsche, Isabel: *Erfolgreich durch Konflikte. Wie Frauen im Job Krisen managen.* Reinbek 2001
Marshall Rosenberg: *Gewaltfreie Kommunikation. Aufrichtig und einfühlsam miteinander sprechen.* Paderborn, 2001
Bärbel Wardetzki: *Erste Hilfe für die Seele. So schützen Sie sich gegen Kränkungen.* (Buch und CD) München 2003
Bärbel Wardetzki: *Mich kränkt so schnell keiner. Wie wir lernen, nicht alles persönlich zu nehmen.* München 2001

Kontakt-
adresse

Kay Hoffman, Freischützstr. 110/803, 81927 München, Tel. 0049 (0)89/95 23 36

www.bodymind-coaching.de, kay.hoffman@t-online.de

Gabriele Müller, ISCO AG Berlin, Scharnhorst Str. 28/29, 10115 Berlin, Tel. 0049 (0)30/28 39 14 00, Fax 0049 (0)30/28 39 14 44, www.isco-ag.de, info@isco-ag.de

Netzwerke,
die Sie interessieren könnten

BFBM – Bundesverband der Frauen im freien Beruf und Management
www.bfbm.de
Ziel: Kontakte, Weiterbildung, Gleichberechtigung

BPW – Business und Professional Women
www.bpw-germany.de
www.bpw-europe.org
www.youngbpw-europe.org
Ziel: Kooperation, Förderung, Kontaktpflege und Verständigung

Connecta – Das Frauennetzwerk e.V.
www.frauennetzwerk-connecta.de
Ziel: Berufliche und persönliche Förderung, Hilfe bei der Karriereplanung, Weiterbildung

DAB – Deutscher Akademikerinnenbund e.V.
www.dab-ev.org
Ziel: Förderung von Frauen, Gleichberechtigung in gesellschaftlichen und beruflichen Gremien

Deutsches Gründerinnen Forum e.V.
www.dgfev.de
Ziel: Verbesserung von Ausbildung, Beratung und Finanzierung bei Existenzgründungen von Frauen

EAF – Europäische Akademie für Frauen in Politik und Wirtschaft e.V.
www.eaf-berlin.de
Ziel: Förderung von internationalen Kontakten, Austausch, Gleichberechtigung und Nachwuchs

EWMD – European Women's Management Development Deutschland e.V.
www.ewmd.org
Ziel: Vernetzung und Weiterentwicklung von Frauen in Führungspositionen in Deutschland und Europa

FIM – Vereinigung für Frauen im Management e.V.
www.fim.de
Ziel: Kontaktpflege, Gleichstellung, Akzeptanz von Frauen im Beruf

FiT – Frauen in der Technik e.V.
www.fitev.de
Ziel: Projekte zur Förderung der Frauen in Naturwissenschaft und Technik

Infinitas GmbH
www.infinitas.de
Ziel: Vernetzung von Frauen in der IT-Branche

NUT – Frauen in Naturwissenschaft und Technik e.V.
www.nut.de
Ziel: Förderung und Unterstützung von Frauen in Naturwissenschaft und Technik; Info-Austausch

SI – Soroptimist International
www.soroptimist.de
Ziel: Verbesserung ethischer Werte, Förderung der internationalen Verständigung

VDU – Verband deutscher Unternehmerinnen e.V.
www.vdu.de
Ziel: Erfahrungsaustausch, politischer Einfluss

Webgrrls
www.webgrrls.de
Ziel: Vernetzung von Frauen in den neuen Medien